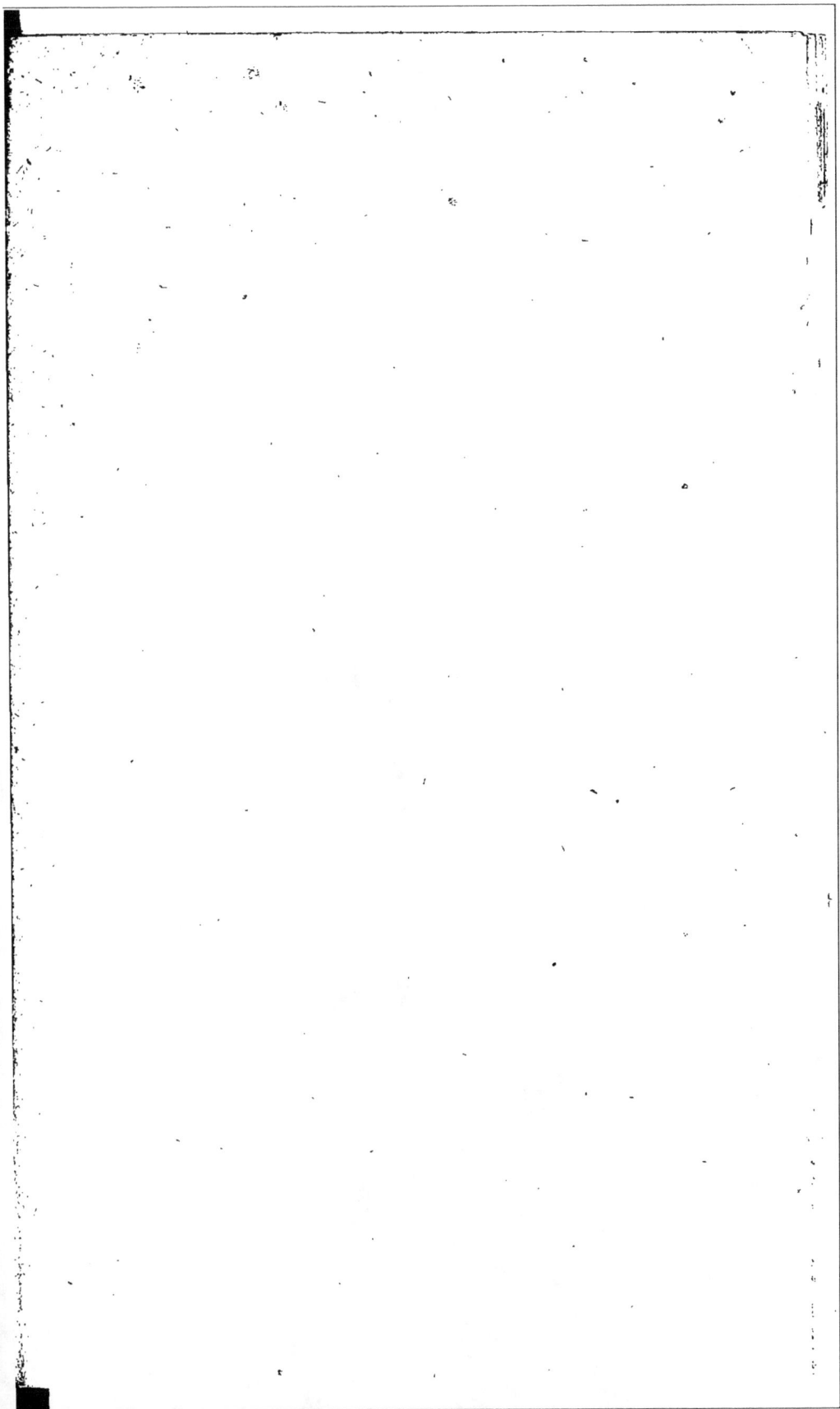

Ldh 1.
ε.

LETTRE

AUX AUTEURS ANONYMES

DE L'OUVRAGE INTITULÉ :

VICTOIRES, CONQUÊTES, DÉSASTRES, REVERS
ET GUERRES CIVILES DES FRANÇAIS,

LETTRE

AUX

AUTEURS ANONYMES

DE L'OUVRAGE INTITULÉ :

VICTOIRES, CONQUÈTES, DÉSASTRES, REVERS
ET GUERRES CIVILES DES FRANÇAIS,

PAR

L'AUTEUR DE LA VIE DE CHARETTE,

POUR FAIRE SUITE A CET OUVRAGE.

Mendacia odiosa plectantur.

La VIE DE CHARETTE se trouve aux mêmes adresses.

A PARIS,

Chez {
L'AUTEUR, rue de Seine Saint-Germain, n° 6;
PÉLICIER, DENTU et CHAUMEROT jeune, Libraires
au Palais-Royal.

1818.

AVERTISSEMENT.

Lorsque je résolus de repousser les outrages faits à la mémoire de Charette, je
priai M. de Susannet de m'aider dans cette
entreprise. Comme il n'avait pas fait la
guerre dans la Vendée, et qu'il n'y avait
paru que comme agent des princes :
« Adressez-vous de ma part, me dit-il, à
» M. Soyer l'aîné, major général de l'ar-
» mée d'Anjou. C'est un des plus braves
» officiers, couvert de blessures, qui sait
» tout cela sur le bout de son doigt, et qui
» vous le dira franchement ».

J'écrivis à M. Soyer ; voici sa réponse :

Saint-Lambert du Lattai, 3 mars 1808.

MONSIEUR,

Ce sera avec bien du plaisir que je m'occuperai de vous
donner toutes les notes que vous me demandez, et que je

I

répondrai à vos questions. Vous pouvez compter sur la plus stricte exactitude de mes citations. Je suis convalescent d'une maladie grave, résultat de mes blessures. Je ne pourrai vous donner ce petit ouvrage que peu à peu, ne pouvant pas m'appliquer, faute de forces. Je me propose donc, Monsieur, de vous le fournir par lettres, et au moins deux par semaine. Je commencerai par vous donner un petit détail des faits et des batailles qui se passèrent en 1793 dans notre partie, que je suivrai jusqu'au 18 octobre, époque de notre passage de la Loire. Je continuerai ce qui se passa outre Loire jusqu'au 14 et 15 décembre; je reprendrai le commencement de 1794; je suivrai jusqu'au 2 mai 1815, époque de la signature de la paix de notre armée. Je vous donnerai les détails des intrigues qui eurent lieu depuis le 2 mai jusqu'au mois de décembre suivant, où M. Stofflet fit sa déclaration de guerre; ce qui s'y passa jusqu'au 24 février 1796, jour où il fut surpris, et je terminerai par ce qui se passa de remarquable jusqu'au mois de juin suivant, où notre pays fut entièrement soumis.

Je ne vous dirai rien de ce qui s'est passé en 1799 et au commencement de 1800, quoique je fusse pour beaucoup dans cette affaire. J'y ai tant éprouvé de peines et de chagrins, que je craindrais d'y mettre de l'amertume. M. de Susannet vous fournira à ce sujet ce qui pourra vous être nécessaire. Je serai bien aise que vous ayiez quelque entretien avec lui sur les intrigues de ce temps là.

Je vous engage, Monsieur, à combattre les écrivains qui

ont attribué la guerre de la Vendée aux ecclésiastiques, et qui les veulent couvrir de tout l'odieux qu'entraîne nécessairement une guerre civile, et qu'on rejette toujours sur le parti vaincu. Tel est M. Alphonse Beauchamp, qui, dans son Histoire, met dans la bouche des missionnaires de Saint-Laurent des discours absurdes, dénués de sens, et stupides au plus haut degré; qui transmet à la postérité des faits apocryphes, et des transpositions de dates d'un an, que vous pourrez vérifier sur mes notes. Il veut aussi faire croire que cette armée n'était composée que de gens simples et superstitieux, etc. etc.

J'espère, Monsieur, que ce plan pourra vous convenir. S'il en était autrement, vous voudrez bien m'en informer; je me conformerai à vos désirs.

J'ai l'honneur d'être avec respect, Monsieur, etc.

Je n'ai point fait usage de ces notes, qui sont très-volumineuses, afin de ménager l'amour propre de l'historien de la Vendée, dont l'ouvrage aurait beaucoup perdu de sa réputation et de son débit. Je me suis borné à combattre quelques-uns de ses systèmes, et ses calomnies contre le général Charette. Il m'en a su fort mauvais gré, et même il s'est permis de petites récriminations assez grossières. Il m'a reproché en pleine gazette (1) *d'avoir affirmé avec une intrépidité rare, qu'il avait contre Charette des sujets personnels d'animosité.* Comme cela est faux, je lui laisse tout l'honneur *de l'intrépidité rare* qui lui est plus familière qu'à moi. J'ai voulu réclamer dans le même journal contre cette imposture, ma réclamation n'a pas été admise, et l'on devine pourquoi.

M. Alphonse Beauchamp sera plus mécontent de moi lorsque je mettrai sous les yeux du public la correspondance de M. Soyer. Si l'historien y perd beaucoup, l'histoire, à qui on doit la vérité, y gagnera davantage. Depuis trois ans il nous promet une quatrième édition. Il y fera les corrections qu'exigent les premières, et je m'applaudirai de lui avoir fourni ce qui manque à son ouvrage pour être une histoire.

M. Soyer a rempli avec une complai-

---

(1) Gazette de France du 7 juillet 1814.

sance et une fidélité remarquables le plan qu'il s'était tracé, et je saisis avec joie l'occasion de lui offrir un témoignage public de ma reconnaissance. Cette tâche a dû souvent lui être fort pénible, à raison des blessures dont son corps est couvert, et qui lui ont occasionné des maladies graves. Ce brave militaire, dont le cœur est tout amour pour la patrie, au défaut de son bras trop faible aujourd'hui pour porter les armes, la sert encore avec zèle dans la carrière administrative, où décoré de la croix de saint-Louis, il jouit de l'estime générale de ses concitoyens et du respect dû à ses vertus.

Sa correspondance, qui a commencé au 3 mars 1808, n'a cessé que le 29 décembre de la même année. Elle embrasse tout le temps de la guerre, depuis le 10 mars 1793, jour de l'insurrection, jusqu'au mois de juin 1796 que la Vendée a a été soumise. Ce n'est pas une de ces prétendues correspondances fabriquées au besoin, et qui n'ont aucun caractère d'authenticité. Celle-ci m'a été adressée par la voie publique, et chaque envoi porte la taxe, le timbre de la poste et le jour de son arrivée. Je préviens ici, et pour cause, que toutes mes citations sont fidèles.

Je ne connais point l'art des faussaires, moins funeste, il est vrai, dans le sanctuaire des lettres que dans celui de la justice; mais il n'en flétrit pa s moins dans l'opinion des gens honnêtes ceux qui s'en rendent coupables. J'insiste sur ce point délicat, parce que, dans les discussions que je dois établir, je n'irai pas chercher mes moyens dans des autorités étrangères; ils sont tous dans l'ouvrage que je combats; je n'aurai qu'à citer.

LETTRE

AUX AUTEURS ANONYMES

DE L'OUVRAGE INTITULÉ :

VICTOIRES, CONQUÊTES, DÉSASTRES, REVERS ET GUERRES CIVILES DES FRANÇAIS.

~~~~~~~~~~~~~~~~

MESSIEURS,

LE monument historique que vous érigez à la gloire des armées françaises, vous donne des droits bien respectables à la reconnaissance de la nation, et aux éloges de la postérité. Ce n'est pas que la nation ait besoin des faits militaires contenus dans vos annales , pour se placer au premier rang des peuples belliqueux.

Libre et guerrière à sa naissance, elle contribua

efficacement à renverser le colosse qui pesait sur l'univers alors connu et qui l'accablait de sa puissance, l'empire romain. De conquêtes en conquêtes, elle pénétra dans les Gaules, et sur les débris de cet empire, elle fonda une puissante monarchie qui subsiste depuis quatorze siècles. Si des idées chimériques de liberté ont rompu momentanément cette longue chaîne d'illustration, de gloire et de bonheur, qui attachait le monarque aux sujets, et les sujets aux lois fondamentales de l'État; si les Français, esclaves chez eux sous une domination étrangère, ont voulu asservir les autres peuples et leur donner des lois; si leurs succès et leurs revers ont rappelé aux souverains qui l'avaient oubliée, cette grande leçon : que l'ambition, les intérêts particuliers, les intrigues, la fausse politique des cabinets, leur machiavélisme et la corruption des grands fonctionnaires des gouvernements, tant civils que militaires, sont les éléments révolutionnaires dont le choc ébranle, soulève et renverse les trônes les mieux affermis, et qu'enfin il n'y a de solides que ceux qui sont assis sur les bases de la bonne foi et de la justice; qui mieux que vous, Messieurs, témoins et acteurs de ces longues tragédies qui pendant 25 ans ont ensanglanté l'Europe, peut transmettre fidèlement à la postérité les causes ostensibles et secrètes , les moyens d'éxécution et les résultats de ces mémorables événemens ?

L'ancienne tactique, plus difficile , plus savante que la nouvelle, par les aperçus du génie, et la justesse des combinaisons , allait cependant moins vite au but de la science militaire, qui est de détruire, que la tactique des masses , à qui rien ne résiste, dont tout l'art consiste à fournir sans cesse des remplaçans que Buonaparte appelait si énergiquement *de la chair à canon.* Nous l'avons employée long-temps avec succès, mais ensuite elle s'est tournée contre nous , et de tant de glorieux exploits, de tant de victoires signalées qui ont retenti de toutes parts, disons-le en gémissant , que reste-t-il ? des ossements , la ruine des peuples , et des volcans politiques dans les deux mondes.

Ces grandes calamités ont enfin touché le cœur des rois ; ils ont enfin compris la leçon du malheur , qui a dit aux uns : La révolution a renversé le trône où vous étiez légitimement assis ; la justice vous l'a rendu , régnez donc par elle ; donnez à vos sujets des lois tutélaires de leur liberté , et votre couronne passera sur la tête de vos enfans. Elle a dit aux grandes puissances : Vos trônes ont été ébranlés jusques dans leurs fondements ; portez un œil sévère sur ces moteurs éternels de convulsions anarchiques , sur ces

ennemis acharnés des rois, qui souffleront dans
le cœur de vos sujets les germes de l'indépen-
dance, et vous frapperont peut-être dans l'intérieur même de vos palais. Prenez-en main la
cause de l'humanité entière. Cette grande pen-
sée est digne de vous ; elle fortifiera encore la
stabilité de votre empire. Qu'une sainte alliance
réunisse les chefs des nations pour se défendre
mutuellement contre les aggressions injustes,
faire cesser les égorgements, et rendre la paix
à l'Europe.

Telles sont, Messieurs, les importantes considérations morales, politiques et guerrières que
font naître les événements de la révolution. Pré-
sentées par d'habiles mains avec les développe-
ments dont elles sont susceptibles, elles rom-
pront avantageusement la monotonie des éternels
récits de batailles, qui n'intéressent qu'un petit
nombre d'initiés à la guerre, qui fatiguent et
dégoûtent le reste des lecteurs ; enfin elles of-
friront à nos neveux, de sévères instructions,
de beaux modèles à suivre, et de grandes fautes
à éviter.

Mais je me trompe, Messieurs : en me livrant
à ces réflexions, j'oubliais la phrase de votre
prospectus, page 6 ligne 1re, qui expose clai-
rement le plan de votre ouvrage. « Simples nar-
» rateurs des faits, sans vouloir les lier entre eux

» et leur assigner une cause commune, tâche
» que les contemporains peuvent rarement rem-
» plir, nous nous contenterons de les raconter,
» et nous laisserons de côté les causes morales ou
» politiques qui ont pu les produire. Nous n'em-
» ploierons jamais d'autres armes que la vérité
» et la plus scrupuleuse impartialité. »

Je conçois que dans une entreprise aussi vaste
que la vôtre, la marche que vous avez adoptée
est beaucoup plus expéditive que celle des historiens ordinaires, dont beaucoup ont la manie
de vouloir rendre compte de tout, et qui se
trompent souvent dans leurs conjectures. Dé-
barrassé de la tâche pénible des observations,
votre travail purement mécanique se borne à
rassembler dans une suite de volumes, les mémoires véridiques ou erronés que tous ceux
qui se sont illustrés dans les armées françaises,
s'empressent de vous adresser, et que vous admettez de confiance. Mais aussi des faits sans
cause sont des corps sans âmes ; les causes morales et politiques, les observations, sont l'âme
et les leçons de l'histoire ; ce sont les chairs
qui recouvrent le squelette des faits dont la
nudité est quelquefois si révoltante. N'est-ce
pas aux contemporains qui les ont vus, qui les
ont entendu raconter par des témoins non sus-
pects, qui lisent tous les écrits du temps, qu'on

peut regarder comme des plaidoiries contradictoires entre les partis, des controverses où le
choc des opinions laisse toujours échapper quelques traits de lumières , qui permettent, sinon
de saisir toujours la vérité , du moins d'aper-
cevoir les traces qui peuvent y conduire; n'est-ce
pas à eux de recueillir et mettre en ordre tous
ces matériaux, qui se dénaturent et se perdent
bientôt dans le vague des traditions, pour les transmettre aux historiens à venir ? Si les contemporains peuvent rarement remplir cette tâche, ils
le peuvent quelquefois , et leurs successeurs seraient plus embarrassés qu'eux, si toute espèce
de secours venait à leur manquer.

Au reste, Messieurs, consolons-nous de ce
que vous ne pouvez nous donner, avec cette
riche collection de faits , dans laquelle il n'y a
pas une famille en France qui ne puisse se glo-
rifier de trouver place. « Tout ce qui est hono-
» rable pour les Français, dans quelque parti
» qu'ils ayent combattu, doit entrer dans le cadre
» que vous vous êtes tracé. Vous ne voulez
» employer *d'autres ornements que la vérité et*
» *la plus scrupuleuse impartialité*. Dans cette
» collection qui doit avoir pour son objet un
» caractère national, afin d'éviter toute erreur,
» vous rapportez les diverses opinions. Enfin ,
» les notes placées au bas des pages prouvent

» que vous n'avez négligé de puiser à aucune
» source pour rendre votre ouvrage complet »(1).
Voilà, Messieurs, de sûrs garants de la confiance
publique , et de la justice qu'attendent de vous
tous ceux que vous croirez dignes de figurer
dans votre ouvrage. Mais pourquoi vous dérober sous le voile de l'anonyme aux félicitations
de vos compatriotes , aux témoignages d'estime
que vous méritez pour une entreprise aussi honorable , et qui attacherait à vos noms une juste
célébrité ? Permettez-moi de vous adresser à ce
sujet quelques réflexions d'un journaliste, qui me
paraissent fort sages.

« Toutes les fois , dit-il , qu'un écrivain est
» conduit à juger les personnes, il doit se nom-
» mer. Les lois n'en font pas un devoir , mais
» les bienséances l'exigent. Il est si difficile de
» se faire une opinion sur les hommes , que le
» public demande toujours pour garantie le nom
» de celui qui s'arroge le droit de scruter ses
» intentions secrètes , et le public , en ceci , a
» parfaitement raison. Si l'auteur est un homme
» de parti ; si ses habitudes passées , si ses liai-
» sons présentes, peuvent servir à faire deviner

(1) Page 2, en tête du premier volume. — Prospectus ,
pages 6 et 10.

1

» ses intentions , son nom mis à la tête de son
» ouvrage est d'une grande ressource pour gui-
» der ses lecteurs. Si au contraire sa réputation
» est entière , s'il s'est acquis de la considéra-
». tion, sa conduite antérieure , son nom mis à la
» tête de son ouvrage , donnent du poids à ses
» opinions (1)» .

Il y a , sans doute , une grande différence entre
un seul écrivain dont l'esprit de parti , les préventions, des intérêts particuliers , peuvent conduire la plume, et une société de militaires et de
gens de lettres qui travaille pour la postérité ,
qui ne peut avoir que des idées libérales , et en
qui il répugne à la raison de supposer d'autre intérêt que celui de la vérité. Cette société , dans
son ensemble , mérite la confiance publique ;
mais ses collaborateurs , pris individuellement ,
peuvent n'en être pas tous également dignes.
Hélas! chez la faible humanité , le mal en toute
chose est si souvent à côté du bien! L'honneur
et la gloire ne vont pas toujours ensemble. Que
de héros couverts de crimes! que de littérateurs
sans talents , qui vendent leur plume à qui veut
la payer, et qui déshonorent la littérature ! que
d'ouvrages sortis de ces ateliers de gens de
lettres, qui ne sont que des compilations indi-

_____

(1) Journal des Débats, 9 octobre 1817.

gestes, décousues et sans ordre, des matériaux
incohérents jetés pêle-mêle, des paquets à la
postérité qui restent en chemin, des entreprises
de librairie et des *attrape-argent*. Qu'on me
passe ces vérités générales dont j'aurai quelquefois à faire l'application.

Ne connaissant pas le rédacteur des articles
sur la Vendée, et ne voulant même pas le connaître, si on me le montrait, je ne puis,
Messieurs, adresser qu'à votre société mes observations sur son travail, qui est devenu le
vôtre par l'adoption que vous en avez faite, en
l'insérant dans vos annales ; sauf à lui reporter
de votre part le blâme qu'il mérite pour avoir
copié servilement des libelles diffamatoires qui
parurent dans le temps de la mort de Charette,
qui étaient enfouis dans l'indignation et le mé-
pris par les réfutations qu'on en a faites, et que
les calomniateurs, pour le triomphe de leur art,
voudraient faire passer à la postérité, en les
consignant dans votre ouvrage. Ils se trompent,
Messieurs ; vous ferez justice de votre collabo-
rateur, lorsque ma réponse vous sera parvenue.
A coup sûr ce n'est pas un militaire qui a res-
suscité ces libelles sur la Vendée. Mais occupons-
nous de les réfuter, sans chercher à deviner l'auteur ; laissons le serpent mordre la lime, il s'u-
sera les dents.

Je trouve dans ce nouvel écrit un ancien plan tracé par la malveillance, la jalousie et les passions haineuses déchaînées contre le général Charette et son armée. On le représente comme un scélérat qui complotte et exécute des assassinats prémédités ; j'y trouve la même exaltation à vanter les opérations et les chefs de l'armée d'Anjou, la même tenacité à rabaisser les opérations et les chefs de l'armée du Bas-Poitou, et, ce qu'on n'avait pas osé jusqu'ici, à calomnier le bon peuple de la Vendée, en disant que, devenu féroce, à l'exemple de ses chefs, il justifiait tous les crimes que la Convention faisait pleuvoir sur lui ; j'y trouve plus de fausseté, d'ignorance et de ridicules dans les récits de combats que dans les précédents écrits ; j'y trouve le pour et le contre sur les mêmes faits ; des contradictions d'autant plus choquantes, que les éléments en sont plus rapprochés ; des éloges si maladroits, qu'ils deviènent des ironies sanglantes, à raison des circonstances ou des faits qui les accompagnent ; j'y trouve un reproche éternel reproduit jusqu'au dégoût (*ad nauseam*) par l'historien de la Vendée, un système absurde d'isolement de la part de Charette, qui l'empêchait de communiquer avec la grande armée, système démenti par les faits les plus authentiques ; j'y trouve enfin l'horrible accusation d'un

complot entre Charette et Stofflet, pour faire
périr M. de Marigny. Comment, Messieurs,
votre impartialité ne s'est-elle pas soulevée
contre ces horreurs ? Vous connaissez des écrits
qui en font mention et qui les combattent ; pourquoi ne les citez-vous pas ? Mais je reviendrai
sur ce chapitre.

Ne soyez pas surpris que la raison gémisse de
voir reproduire des atrocités de cette nature,
et que l'esprit s'échappe quelquefois en bou-
rasques contre ceux qui les reproduisent. Peut-
être direz-vous que je me permets des expressions peu mesurées, et même offensantes
pour votre société. A dieu ne plaise que j'aye
cette intention ! quand on parle à des anonymes,
on ne peut offenser personne, parce que dans
ces sortes d'associations, chacun se réserve le
droit de dire : *Ce n'est pas moi*. Les traits lancés
contre l'ouvrage ne rencontrent jamais l'auteur.
Mais la société, qui sait à quoi s'en tenir, peut
en faire justice en vertu de cette discipline naturelle que toute société bien ordonnée exerce
sur ses membres, surtout dans des entreprises
telles que la vôtre, où il s'agit d'honorer les
militaires français, et non de diffamer leur mémoire. Comme cette discipline s'exerce dans
l'intimité des sociétaires, *inter privatos parietes*,
l'honneur de tout le monde est à couvert. Au

2

surplus, l'écrit que j'attaque contient des choses
si extraordinaires qu'on peut y répondre sur tous
les tons. Si quelqu'un de vous, Messieurs, veut
adopter publiquement ce bâtard littéraire, j'aurai
pour lui tous les égards que mérite un écrivain
qui parle à visage découvert : cela posé, j'entre
en matière.

Examinons d'abord le prétendu système d'isolement qui a constamment empêché Charette de
communiquer avec les chefs de l'armée d'Anjou.
Nous viendrons ensuite à l'accusation d'assassinat prémédité entre lui et Stofflet sur M. de
Marigny. Ces deux points capitaux une fois
remis dans le jour le plus lumineux, nous trai-
terons des autres avec le plus d'ordre qu'il nous
sera possible, et nous finirons par un résumé
des contradictions, des erreurs, des absurdités
et des inepties qui fourmillent dans l'historique
de la Vendée.

Ce travail offre plus de difficulté pour l'écrivain et moins d'intérêt pour le lecteur que je
ne l'avais cru d'abord. Tel est le décousu des
différentes parties de l'écrit en question, que
des faits connexes et voisins dans l'histoire ne se
trouvent pas quelquefois dans le même volume,
et que vus séparément, ils n'ont point la même
physionomie que si on les considérait ensemble.
Il faut souvent, pour les raccorder, consulter

différents ouvrages sur la Vendée, ce qui exige
de pénibles et fastidieuses recherches. Enfin, l'intérêt pour le lecteur diminue à raison de ce même
décousu, qui ne permet pas à l'écrivain de lui
présenter un tableau bien ordonné des faits de
la Vendée, auxquels se mêlent des discussions
polémiques, qui de temps en temps en inter-
rompent la suite. Je prie donc le lecteur de ne
se pas décourager par l'imperfection de ce petit
ouvrage, et de voir jusqu'au bout si l'auteur a
rempli son objet, de venger la mémoire d'un
homme d'honneur, et comme le dit madame de
la Roche-Jaquelin, 'd'*un grand homme* que la calomnie s'acharne à couvrir de ses plus noires
couleurs (1).

SYSTÈME D'ISOLEMENT.

Pour donner tout le développement nécessaire à l'examen de ce système, il faut se reporter un instant aux premiers jours de l'insurrection vendéenne. Dès le moment même de sa
formation, l'armée d'Anjou, qui embrassait une
grande quantité de communes de la rive gauche
de la Loire, du département des Deux-Sèvres,

(1) Mémoires, tome 2, page 195.

de Maine-et-Loire et du Haut-Poitou, se trouva
pourvue de chefs expérimentés, d'anciens militaires décorés, qui inspiraient le respect et la
confiance. Des contrebandiers, des employés
de gabelles, qui n'avaient plus d'état, des gardes-
chasse, des déserteurs, accoutumés au ma-
niement des armes et bien aguerris, vinrent
grossir la masse des insurgés, qui chassèrent
sans peine les autorités et les troupes républicaines, trop peu nombreuses alors pour résister
à un choc aussi violent.

Dans le Bas-Poitou, dont le territoire est
beaucoup moins étendu, les insurrections par-
tielles des communes avaient la plupart pour
chefs des bourgeois sans expérience, qu'on
forçait de prendre le commandement. Ce fut de
même par la violence et sur la menace de lui
ôter la vie s'il refusait, que Charette se vit
porté à la tête du cantonnement de Machecoul;
il n'y trouva pour soldats que des laboureurs
qui lâchaient pied au premier choc, souvent
même à la seule approche de l'ennemi, et laissaient leur chef seul ou accompagné d'un petit
nombre pour défendre le terrein. Cet abandon
que Charette éprouvait souvent, l'entraînait,
malgré lui, dans une fuite honteuse aux yeux
de ceux qui n'en connaissaient pas la cause, et
qui l'attribuaient à la lâcheté. Ce bruit défavo-

rable s'accrédita dans la grande armée, qui parlait avec peu de ménagement de celle du Bas-Poitou et de ses chefs, avec lesquels elle dédaignait de communiquer.

A défaut des grandes occupations de la toilette, quand certaines femmes s'ingèrent de politique ou de combats, elles déposent le caractère doux et aimable, qui est l'apanage de leur sexe. Elles mettent de la passion à la place du raisonnement ; elles s'irritent de leur propre faiblesse ; elles cherchent dans l'intrigue des armes plus familières, et qui n'en sont que plus dangereuses ; telle était la marquise de ✶✶✶, qui, par sa naissance et sa fortune, jouissait d'une grande considération dans un canton de la Basse-Vendée où Charette commandait. Elle entreprit de lui ôter le commandement et de remplacer tous ses officiers par d'autres de son choix. Elle envoya son plan de réforme à M. de Royrand, commandant en chef de l'armée du centre, en lui assurant que Charette était un lâche qui ne ferait jamais rien. Madame de ✶✶✶ ne voyait qu'autour d'elle, et sa prédiction fut bientôt mise en défaut. Charette méprisa ses intrigues, aguerrit ses soldats et battit l'ennemi.

Il y avait à peine trois mois que la guerre

était commencée, et déjà Charette qui n'était
alors que chef divisionnaire, avait chassé les
républicains de tous leurs postes, excepté de
la ville de Machecoul, qu'il assiégea, et dont
il se rendit maître le 20 juin. Dix-neuf piéces
d'artillerie et deux mille cinq cents hommes,
commandés par le général Boisguillon, défendaient la place qui, dans trois heures, fut em-
portée d'assaut. On se battait dans les rues, dans
les maisons, sur les toits, et la ville était jon-
chée de cadavres. Quatorze pièces de canon,
quatre pierriers, huit caissons, vingt-neuf chevaux de tirage, trois ambulances et six cents
prisonniers furent le prix de la victoire. Cette
action éclatante rendit Charette maître absolu
dans tout le territoire de son commandement,
et l'éleva au dégré de gloire où étaient parvenus
les chefs de la grande armée

Vous l'accusez, Messieurs, de *s'être tenu isolé*
jusqu'à ce moment des autres chefs royalistes,
et de sembler ne vouloir agir que pour son propre
compte. (1) Mais jusqu'à ce moment, les chefs
de division de la basse Vendée ne reconnais-
saient point de général en chef. Chacun agissait
de son mieux pour le compte de sa division, quel-

---

(1) Premier volume, pages 169-229.

que fois seul et quelque fois avec d'autres chefs divisionnaires ; selon le besoin , ils se prêtaient mutuellement secours. Dira-t on que M.de Royrand commandant de l'armée du centre, exerçait son commandement sur celle de la basse Vendée? Alors Charette, qui aurait été en sous-ordre, pouvait - il sans la permission ou les ordres de son chef, quitter sa division pour se réunir à l'armée d'Anjou, qui ne le requérait pas , qui n'avait encore requis personne , et qui ne lui aurait pas donné la préférence , puisque selon vous , *l'alternative des succès et le décousu de ses opérations* , *l'avaient laissé dans l'obscurité* ?

Ce n'est donc que depuis la prise de Machecoul , que Charette a pu former son système d'isolement et refuser par jalousie de communiquer avec les chefs angevins. Or c'est le 10 juin , que Charette s'est emparé de cette ville. Quelques jours après , l'armée d'Anjou , qui venait de prendre Saumur, l'invite a se réunir à elle pour attaquer Nantes, et il se rend à cette invitation. Madame de la Roche-Jacquelin qui doit en savoir quelque chose , va , Messieurs, vous rendre compte de cette négociation. « M. de l'Escure fé» licite M. de Charette sur la prise de Mache» coul ; M. de Charette lui répond par des com

» pliments sur les succès de l'armée d'Anjou et
» spécialement sur la prise de Saumur. La lettre
» de M. de Charette , comme celle de M. de
» l'Escure, exprimait le desir d'établir des rap-
» ports entre les deux armées et de combiner
» leurs opérations. M. de l'Escure envoya aussi-
» tôt un courier à Saumur pour faire part aux
» généraux de la démarche qu'il vient de faire.
» Ils furent très-satisfaits des dispositions que
» montrait M. de Charette et songèrent à en
» profiter , pour concerter avec lui une attaque
» sur Nantes (1).

Cette attaque eut lieu le 29 juin, jour de saint-
Pierre, et Charette s'y rendit, en témoignage
des dispositions sincères où il était de concourir avec la grande armée aux opérations nécessaires pour le succès de la cause commune. On
vient de voir qu'il était physiquement impossible qu'avant la prise de Machecoul , Charette
eût pu témoigner des dispositions favorables ou

---

(1) Mémoires, tome premier, page 162. — Ces Mémoires qui, dans le principe, n'étaient qu'un mémorial
de famille, devienent de jour en jour une histoire qui, par
le naturel et le charme du style, augmente beaucoup l'intérêt du sujet.

contraires pour communiquer avec les chefs de
cette armée, et dès le lendemain de cette prise,
des communications s'établissent entre eux pour
faire le siége de Nantes, où les deux armées
concoururent. On n'aperçoit pas encore le point
de scission qui aurait occasionné le prétendu
système d'isolement. A force de le chercher, nous
le trouverons peut être, avançons.

Le 13 août, six semaines après l'affaire de Nantes, la grande armée invite Charette à se joindre à elle pour attaquer la ville de Luçon; il
s'y rend, et demande le poste le plus près de
l'ennemi. Il commande l'avant-garde, emporte
trois batteries et se serait rendu maître de la
place, si un épouvantable désordre survenu dans
les autres divisions de l'armée, ne l'eût entraîné
dans une déroute totale. M. de l'Escure qui était
venu avec 2000 hommes renforcer l'avant-garde,
partagea les dangers et la gloire dont Charette
venait de se couvrir. Je citerai encore ici madame
de la Roche-Jacquelein, parce que son témoignage
que vous ne récuserez pas, dément la prétendue
jalousie de Charette contre les chefs de la grande
armée. « M. de Charette avait fait sa retraite en
» bon ordre avec M. de l'Escure; ils se quittérent
» en se donnant l'un à l'autre des témoignages
» d'estime et se promettant amitié. M. Charette
» se chargea de m'écrire. Sa lettre était fort ai-

» mable, et il professait une grande admiration
» pour mon mari » (1).

Que la malveillance est parfois aveugle et mal-
adroite ! comme elle s'embarrasse dans sa marche ! comme elle se contredit dans son langage!
vous dites, Messieurs, au sujet de l'attaque de
Luçon : *Charette que ses vues ambitieuses portaient toujours à s'isoler, pressé de coopérer à
cette expédition importante, s'adjoigni Joly et
Savin, et partit avec* 10,000 *hommes* (2). Croyez
que je cite fidèlement ; vous verrez dans la suite
combien j'ai à cœur que vous en soyez convaincus. Maintenant, je vous le demande, quel moment
choisissez-vous pour dire que les vues ambitieuses de Charette *le portaient toujours à s'isoler?*
C'est celui où il ne s'isole pas ; celui où, sur
l'invitation des généraux angevins, il rassemble
ses forces, appèle ses meilleurs chefs de division et paraît sur le champ de bataille de Luçon
avec 10,000 hommes; c'est lorsqu'il s'y distingue
par des actes extraordinaires de bravoure et qu'il
perd la moitié de ses meilleures troupes. Voilà
une singulière façon de s'isoler.

Mais si le 20 juin après la prise de Mache-

___

(1) Mémoires, tome premier, page 209.
(2) Annales, tome premier, page 229.

coul, *les chefs des deux armées se sont mutuel-*
lement exprimé le désir d'établir des rapports
entre elles et de combiner leurs opérations, si
elles ont combattu ensemble aux attaques de
Nantes et de Luçon, dites-nous donc à quelle
époque cet isolement a commencé? Vous devez
le savoir puisque vous en parlez sans cesse; si
vous l'ignorez, enveloppez-vous de votre ignorance et n'en parlez plus. Mais de deux choses
l'une, l'isolement est antérieur ou postérieur à
l'association des deux armées : eh bien! dans
les deux cas, votre système ne peut se soutenir.
Si l'isolement est antérieur, il a cessé au moment
de cette association, et vous avez tort de dire
que Charette *y a toujours persisté*. S'il est postérieur, la conséquence est la même, puisqu'il
y a eu une époque où la bonne intelligence
régnait entre les deux armées, et qu'elle a duré
jusqu'à la veille de leur séparation , au passage de la Loire, comme je le ferai bientôt
voir.

Cette discussion qui m'a paru nécessaire pour
l'instruction du lecteur, est tout-à-fait inutile
pour vous, puisque vous connaissez mieux que
personne la fausseté de vos assertions, et que
vous cherchez en vain à les dissimuler. Cette
singulière phrase qui commence par les vues
ambitieuses de Charette, pour se tenir toujours

isolé, et qui finit par des preuves matérielles du
contraire, vous a fait un peu rougir, car vous
en conviendrez, c'est là se donner des soufflets
à soi-même ; vous avez cru pallier cette contradiction, en disant que Charette était *pressé*
de coopérer à l'expédition importante de Luçon.
Qu'entendez-vous par cette expression équi-
voque de *pressé* ? Voulez-vous dire qu'il y était
forcé ? Comment, et par qui ? S'il eût toujours
été porté à s'isoler, il serait resté dans son
camp, et qui que ce soit n'aurait entrepris de
l'en faire sortir. *Pressé*, veut-il dire qu'il avait
senti la nécessité de se joindre à la grande armée
pour le bien de la cause commune ? Alors ce
serait une preuve de plus, *qu'il n'était pas toujours porté à s'isoler* ; vous diriez encore ici le
contraire de ce que vous voulez dire. Ce mot
que vous jetez en avant pour couvrir votre embarras, ne sert qu'à le dévoiler davantage, et à
vous confondre ; car dans l'endroit où vous l'avez
placé, il n'a aucun sens pour votre système,
tandis que dans son acception naturelle, qui ne
vous est pas même venue à l'esprit, il marque le
zèle, *l'empressement* avec lequel Charette se
portait à concourir aux opérations de la grande
armée ; empressement manifesté par les faits
qu'on a rapportés.

Après les grands témoignages de dévouement

qu'il venait de lui donner, Charette pouvait compter sur les promesses de cette armée, et l'occasion s'en présenta bientôt. Il s'agissait de repousser l'armée de Mayence qui allait entrer dans la basse Vendée. Charette, trop faible pour lui résister, s'était retiré à Machecoul, d'où il envoya des courriers à l'armée d'Anjou pour lui demander des renforts ; mais l'ennemi ne lui donna pas le temps de les recevoir. Trois jours après, nouveaux courriers, les secours arrivent, et l'ennemi complètement battu à Torfou, se replie jusqu'à Nantes.

Voilà donc encore Charette communiquant avec la grande armée. Appelé deux fois par elle dans deux entreprises majeures, il s'y rend. Deux fois il lui demande des secours, et elle lui en envoie. Au lieu de jalousie, on ne trouve dans cette communication mutuelle des deux armées que des témoignages d'estime, de confiance de la part des chefs, les uns envers les autres, et un échange des moyens qui étaient en leur pouvoir pour le succès de la cause qui leur avait fait prendre les armes. Je défie qu'on puisse citer un fait, avant l'attaque de Nantes, où Charette se soit refusé à l'appel de la grande armée. Cette attaque eut lieu le 29 juin 1793 ; celle de Luçon, le 13 août ; la bataille de Torfou, le 19 septembre ; celles de Montaigu et de Saint-

Fulgent, les 21 et 23 du même mois ; ainsi, pendant trois mois consécutifs, Charette n'a pas cessé de communiquer et de combattre avec les chefs angevins. Voilà, Messieurs, des faits et des dates que vous ne pouvez nier, puisque vous les rapportez vous-même, et qui démentent vos assertions mensongères, dans lesquelles vous ne persistez pas moins avec une opiniâtreté imperturbable.

Vous dites (tome 1, page 69) que le général l'Echelle avait donné ordre à toutes ses colonnes de marcher en avant ; que le plus grand accord était nécessaire aux Vendéens pour résister à ce nouveau danger qui les menaçait, et que Charette, que les chefs de la grande armée venaient de secourir, *s'obstina à s'isoler*, pour entreprendre son inutile expédition contre l'île de Noirmoutiers.

Toujours ce pitoyable refrain, *s'obstina à s'isoler*. Votre obstination à le répéter lui attribue tous les malheurs de la Vendée, et brouille toutes les idées qu'on doit s'en former. Pour les rétablir, voyons la situation des armées aux deux époques dont il s'agit. La nécessité où se trouvait celle d'Anjou de secourir Charette, était trop impérieuse pour s'y refuser. La garnison de Mayence, forte de quatorze mille hommes, entrait dans la basse Vendée, massacrant et brûlant tout ce qui se trouvait devant elle. La terreur faisait fuir de tous côtés les malheureux habitants, qui se réfugiaient autour de Charette dont l'armée s'affaiblissait chaque jour par la désertion. Il envoie couriers sur couriers au conseil de la grande armée, afin de solliciter de prompts secours, et alléguant que leur cause était également perdue s'ils laissaient l'ennemi s'établir dans la basse Vendée. Les chefs de cette armée sentirent enfin toute l'importance des raisons de Charette, et se déterminèrent à lui envoyer des renforts. Les chefs angevins avaient le plus grand intérêt à repousser les Mayençais.

Après la bataille de Torfou et la reprise de Châtillon, la grande armée se dirigea sur Chollet, où le rendez-vous général était assigné pour prendre les dernières mesures sur le passage de la Loire. Charette, à qui on l'avait proposé à Torfou, s'y était refusé. C'est la première fois, et malheureusement pour toujours, qu'il s'est séparé de la grande armée (1). L'événement n'a

_____

(1) Il faut convenir que le défaut d'ensemble a nui quelquefois au succès des entreprises; mais ç'a toujours été l'effet de circonstances particulières, et jamais d'un système d'isolement suivi avec persévérance. Cette faute était commune aux chefs de chaque armée entre eux, et les républicains eurent, comme les royalistes, la maladresse

que trop fait connaître qu'il avait raison, et les principaux chefs étaient de son avis.

Maintenant, si on considère qu'à cette époque *le territoire était délivré de la présence du gros de l'armée républicaine, que l'armée d'Anjou était de quarante mille hommes* (1), et que par conséquent elle n'avait pas à craindre le gros de l'ennemi, on sera forcé de convenir que Charette n'avait ni motif raisonnable, ni obligation de rester avec elle, puisque leurs opérations les séparaient naturellement.

En effet, la saison avançait; il n'y avait pas de temps à perdre pour s'emparer de l'île de Noirmoutiers, dont l'abord offrait de grands dangers. Loin d'être imprudente, cette démarche était commandée par les circonstances et par les avantages que le parti pouvait en recevoir, si l'entreprise réussissait.

Charette s'empara de l'île le 11 octobre; l'attaque de Chollet fut résolue le 16. Des détachements de l'armée de Bonchamps avaient déjà

---

de la commettre. C'était un vice d'organisation et de discipline dans les armées vendéennes, où chacun se croyait en droit de commander. Charette ne l'a que trop souvent éprouvé de la part de quelques chefs divisionnaires de son armée.

(1) Tome 2, pages 64, 65, 95.

passé la Loire ; la bataille se donna le 17, et le 18 toute l'armée passa le fleuve. Quand Charette aurait eu la meilleure volonté de secourir l'armée d'Anjou, il n'en aurait pas eu le temps. L'armée s'était repliée jusqu'à Beaupréau ; les républicains s'étaient emparés des hauteurs de Chollet, et laissaient les royalistes effectuer le passage qui allait, sans coup férir, les rendre maîtres de la grande Vendée. Si, comme le prince de Talmont et un grand nombre de chefs le proposaient, on eût continué le passage, il se serait fait avec ordre et en plein jour. L'armée toute entière qui le protégeait, commandée par les anciens chefs qui l'avaient si souvent conduite à la victoire, aurait marché avec confiance à de nouvelles conquêtes. Mais voilà qu'un esprit de vertige inconcevable s'introduit dans le conseil : on délibère ; on arrête *de tenter encore un dernier effort, avant d'effectuer le funeste passage*, qui déjà était commencé, *et l'attaque de Chollet est résolue. Le valeureux Bonchamp*, dit-on, *ne se décidait qu'avec regret à quitter une contrée qu'il avait illustrée par ses exploits.* (Page 95.)

Mais le regret de Bonchamp valait-il le sang qu'il allait faire verser ? Devait-il l'emporter sur le salut de l'armée ? Si le conseil eût renoncé à l'aventureuse entreprise de soulever la Bretagne,

3

de s'emparer de Granville et de marcher sur Paris avec les renforts présumés de l'Angleterre, l'attaque de Chollet devenait indispensable ; mais au moment d'abandonner le territoire, lorsque l'ennemi a rassemblé toutes ses forces dans une position avantageuse, et qu'on doit s'attendre à une vigoureuse résistance, pourquoi tenter un dernier effort, dont le résultat le plus favorable ne pouvait être que très-funeste aux royalistes par une nouvelle effusion de sang et les pertes inséparables de la victoire ? C'était le comble de l'égarement et le funeste présage de l'entière destruction de l'armée.

Qu'on se représente son épouvantable défaite, si témérairement provoquée, la perte de ses premiers généraux, les soldats fuyant de tous côtés, poursuivis par la terreur, égarés par le désespoir, cherchant dans les flots de la Loire un refuge inutile, foudroyés par leur propre artillerie, dont une partie était tombée au pouvoir de l'ennemi ; qu'on se figure 80,000 âmes de tout sexe, de tout âge, de toutes professions, se pressant sur le rivage, fatigant l'air de leurs cris ; les uns implorant la providence, les autres mordant la poussière, et proférant les imprécations de la rage ; un grand nombre excédé de fatigue et couverts de blessures, étendus sur le sable, et fondant en larmes, appeler la mort pour les soustraire aux outrages et à la férocité des vainqueurs ; que l'on considère après le passage, cette armée si florissante la veille, affaiblie, découragée par des pertes irréparables, traînant après elle des milliers de blessés, de bouches inutiles, qui entravent sa marche et dévorent ses subsistances, et l'on aura la mesure du délire, qui fit prendre dans le conseil, une résolution aussi contraire à la prudence et à la raison, qu'elle pouvait être et qu'elle a été funeste au parti royaliste.

Lorsque Charette apprit la bataille de Chollet, pendant qu'on effectuait le passage de la Loire, il n'en voulut rien croire avant d'en recevoir la confirmation; tant cette entreprise, dont il n'avait cessé de représenter les dangers et le coup funeste qu'elle porterait au parti vendéen, lui semblait hors de raison. L'opinion générale, dit M. Soyer, a toujours été, que, si le corps d'armée et les officiers qui étaient à ouvrir le passage de la Loire à St.-Florent-le-Vieil, eussent été à l'armée, la victoire serait restée aux Vendéens.

Quand l'armée d'Anjou allait chercher un port de mer à quarante lieues de son pays natal, à travers des provinces, où l'ennemi lui disputait chaque jour le passage, Charette était déjà maître du port de Noirmoutiers, sur son territoire.

Entre deux entreprises semblables, dont l'une avait réussi, et dont l'autre, très-incertaine, devait bientôt échouer, votre impartialité, Messieurs, n'avait pas à balancer ; elle n'a vu dans la première, qu'une démarche au moins imprudente, une inutile expédition contre l'île de Noirmoutiers. Mais comme la force des choses vous entraîne dans des contradictions dont vous ne vous doutez pas, vous dites quelquefois dans un endroit, le contraire de ce que vous avez dit dans un autre. Ainsi, après avoir gourmandé Charette sur son inutile expédition, vous dites, page 197 : « L'une » des plus importantes conquêtes qu'il eût faites » l'année précédente, l'île de Noirmoutiers, par » sa position géographique, était une possession » précieuse pour les royalistes de la basse Ven» dée, en ce qu'elle leur donnait le moyen de » communiquer avec l'Angleterre, et d'en rece» voir les secours que cette puissance leur pro» mettait sans cesse. » Je ne vous chicanerai pas, Messieurs, sur cette contradiction, parce qu'elle est une sorte d'amende honorable, en expiation de tout le mal que vous avez dit de Charette, et que vous direz encore de lui. Le reproche de son isolement vous paraîtra, sans doute, approfondi de manière à n'y plus revenir, et je passe à l'assassinat de M. de Marigny, prémédité, selon vous, par Charette et Stofflet.

« Charette, Stofflet et Marigny se réunirent à
» Jallais, pour concerter les moyens de donner
» à leur parti, plus de force et plus de consis-
» tance.... Charette et Stofflet ne tardèrent pas
» à voir *un rival incommode* dans Bernard de
» Marigny, et tous les deux résolurent de s'en
» défaire, par l'un de ces crimes qui ne sont
» que trop familiers aux ambitieux. L'infortuné
» Bernard, accusé faussement par ses deux col-
» légues d'avoir voulu abandonner la cause
» commune, fut jugé par le conseil général, et
» condamné à mort par ce tribunal inique. » (1)

Ah! Messieurs, dans quel cloaque de diffamation et d'imposture avez-vous puisé cette monstrueuse calomnie? Vous qui vous établissez juges
de l'honneur militaire, qui vantez avec justice,
le courage, les belles actions, et ce qui vaut
encore mieux, les vertus des Bonchamp, des
Lescure, des la Roche-Jacquelein, vous dénoncez
sans preuves à la postérité, comme assassin, un
militaire d'illustre origine, allié aux plus grandes
maisons de Bretagne, qui, après avoir servi neuf
ans avec honneur dans la marine royale, est venu
moissonner des lauriers dans les champs phlé-
gréens de la Vendée, qu'il a défendus pendant
trois ans pour la cause de l'autel et du trône.

---

(1) Tome 3, page 154.

Vous associez Stofflet au complot de cet assassinat prémédité. Mais si Stofflet n'avait pas, comme Charette, les avantages de la naissance et de l'éducation, il était aussi plein d'honneur que de bravoure, et jamais aucune action de sa vie n'a pu donner à penser qu'il dût être capable d'un forfait aussi abominable.

L'historien de la Vendée a supposé que Charette et Stofflet, animés tous deux par *des vues secrettes*, avaient résolu, *dans des conférences secrettes* la mort de Marigny. On lui a demandé s'il avait assisté aux conférences, ou s'il écoutait aux portes ; il n'a pas répondu. Mais du moins, il fait connaître le motif de sa condamnation, quand il dit que *Marigny signa lui-même sa mort, en apposant sa signature au pacte fédératif*. C'était en effet la peine prononcée par l'acte même, contre celui des signataires qui violerait son serment. Marigny avait encouru la peine de mort par sa désertion, et son jugement n'a été que l'exécution du pacte fédératif contre lui, qui venait d'en violer l'engagement. On sent par là, combien *les vues secrettes et les conférences secrettes* de l'historien, sont ridicules, calomnieuses et inutiles, puisque le corps de délit était constant et notoire par la présence des trois armées, de l'Anjou, du bas Poitou, et du centre.

Vous feignez, Messieurs, d'ignorer l'existence
du pacte fédératif sur lequel repose le jugement
de Marigny, parce qu'il justifie les généraux et
le tribunal *prétendu inique*, qui l'a prononcé.
Ce tribunal était composé de 23 officiers, engagés comme lui, par leurs signatures, et passibles
comme lui de la même peine, savoir, dix-sept
des armées de Charette et du centre, et six de
celle de Stofflet.

Je croirais, Messieurs, vous faire la plus grave
des offenses, si je disais que 23 officiers républicains ou buonapartistes, ont assassiné en forme
de tribunal un de leurs chefs, sous le prétexte
que *c'était un rival incommode*. L'indignation
générale s'élèverait justement contre moi. Son-
gez que les militaires vendéens n'ont jamais
failli contre l'honneur, et qu'ils n'étaient pas des
juges choisis pour des assassinats de commande.
Indépendamment de ces considérations, voici
des faits qui repoussent vos absurdes accusations
et la noirceur toujours croissante de vos calomnies. Loin de voir dans Marigny un rival incommode, le 24 mars, Stofflet et lui attaquèrent
Mortagne, défendu par le général Lenormand qui
évacua la ville. Ils attaquèrent deux fois à la Cha-
taigneraie, le général Lapierre qui les repoussa.
Charette et Marigny parcoururent ensemble
plusieurs parties de la Vendée, et repoussèrent

les républicains ; et lorsqu'ils vièrent d'agir en commun, lorsqu'ils se réunissent pour donner plus de force et de consistance à leur parti, vous voulez que Charette et Stofflet forment tout-à-coup le complot d'assassiner Marigny, *comme un rival incommode!* Vous ne porteriez pas cette accusation en justice sur un moyen aussi absurde en soi, que téméraire dans son énonciation, parce que vous craindriez le châtiment de la loi ; et vous ne craignez pas de l'écrire pour l'histoire, parce que vous vous cachez au grand jour. Sont-ce là *les ornements de la vérité et de l'impartialité* dont vous nous aviez promis d'embellir votre ouvrage ? faites-nous grâce de vos ornements, et soyez historiens.

Selon vous Charette et Stofflet résolurent de se défaire de Marigny par l'un de ces *crimes qui ne sont que trop familiers aux ambitieux ;* oui aux ambitieux à millions, qui se battaient pour de l'argent, pour le pillage, pour des grades, et non pour la patrie, dont les plaies qu'ils lui ont faites saigneront long-temps. Charette n'était ambitieux que de gloire, et il n'a laissé de trésors à sa famille que son nom. Sa persévérance dans une cause désespérée, son désintéressement et sa mort confondront toujours ses calomniateurs.

Vous prétendez que l'infortuné Bernard *a été*

*faussement accusé par ses deux collègues d'a-
voir voulu abandonner la cause commune* ; non,
Messieurs, il l'a été justement de l'avoir aban-
donnée. Il déserta publiquement, en plein jour,
en présence des trois armées qui l'ont jugé. Il dit
à ses officiers de prendre ses drapeaux, et de
monter à cheval. « Dans un clin d'œil on voit
» Marigny monter à cheval, qui part du châ-
» teau de Jalais, avec les siens au galop, et son
» infanterie à toutes jambes ; *je l'ai vu.* M. de
» Rostaing se trouva présent ; il cria aux soldats
» de tirer sur M. de Marigny ; *je l'ai entendu.*
» Aucun ne le fit ; mais par cela seul, l'armée
» apprit la mésintelligence qui éclatait entre
» les chefs, et en pressentit les accidents (1) ».

C'est donc ici, Messieurs, un procès entre
l'honneur et la calomnie. Si Charette vivait, ose-
riez-vous l'entreprendre ? Il aurait deux ma-
nières de vous répondre ; l'une qui vous est familière, l'autre de vous citer devant les tribu-
naux. Mais en matière de crime, il faut pour
convaincre un accusé, des preuves plus claires
que le jour, *luce clarioribus;* où sont les vôtres ?
je vous les demande, et vous ne serez pas sourds
à cet appel, je vous les demande au nom de

_____

(1) Correspondance de M. Soyer, n° 15.

l'honneur, ou un désaveu aussi public que l'of-
fense.

L'imprimerie, cette découverte si précieuse
et si funeste, selon qu'on l'emploie, qui blan-
chit le crime et noircit la vertu, qui transforme
en problêmes les faits les plus avérés, qui éter-
nise le mensonge et la calomnie, qui corrompt le
jugement de l'avenir sur ce que la méchanceté
humaine juge à propos de lui transmettre, l'imprimerie lui portera l'honorable aveu de votre
erreur. Si vous gardez le silence, la cause est
jugée ; Charette a sa place marquée dans l'histoire, et personne ne pourra l'en ôter. La postérité le jugera ; elle vous jugera, Messieurs, et
moi aussi, puisque contre mon attente, vous voulez bien m'y conduire, en plaçant mon nom dans
votre ouvrage ; *suum cuique decus posteritas
rependit* ; c'est votre profession de foi.

Je lis dans une des feuilles qui précèdent votre
prospectus, la phrase suivante. « Les notes pla-
» cées au bas des pages, prouvent que nous n'a-
» vons négligé de puiser à aucune source pour
» rendre notre ouvrage complet ». En effet, on
trouve cette preuve presque à chaque page.
Dites-nous donc à quelle source vous avez puisé
l'accusation d'assassinat prémédité ? sur quelle
autorité elle est fondée ? Votre exactitude scrupuleuse pour les citations, est ici en défaut. Je

n'en trouve aucune dans l'endroit ou vous en parlez (page 153, tome, 3). Ne connaissez vous
point d'écrits qui en fassent mention ? il en est
un cependant que vous pouviez consulter, puisqu'il est sous vos yeux, et que vous le citez
souvent, c'est la vie de Charette ; vous y trouverez, première partie, depuis la page 292
jusqu'à 307, une réfutation à laquelle on n'a pas
osé répondre. La matière était cependant assez
grave pour que votre impartialité cherchât à
l'éclaircir, ou du moins qu'elle indiquât l'ouvrage
où se trouve cette réfutation. Vous ne l'avez pas
fait ; vous écartez tout ce qui contrarie votre plan
de diffamation ; la vérité vous blesse. C'est bien
le cas de garder l'anonyme.

Je ne puis mieux terminer cette affligeante
discussion qu'en vous présentant un témoignage
de justice que vous ne rejeterez sûrement pas.
Au sujet de la mort de M. de Marigny, son pa-
rent, madame de Laroche-Jaquelein dit, que
« Stofflet s'étant rapproché de Cerisais, M. de
» Marigny ne prit pas plus de précautions, et
» ne profita pas de l'offre de M. de Charette de
» venir dans son cantonnement » (1). Préten-
drait-on que cette offre était un piège pour s'as-

_____

(1) Mémoires de madame de Laroche Jacquelein, t. 2,
p. 191.

surer de sa victime, plutôt qu'un moyen de la
sauver? Je n'en serais pas surpris.

A côté de l'assassinat de M. de Marigny, vous
en placez un autre, que Charrette et Stofflet ont
aussi commis en commun; car ils ne s'enten-
daient bien, selon vous, que pour le crime. « Le
» chef de division Joly fut leur victime, ainsi
» que l'avait été Marigny ». Mais comme cet
assassinat n'avait point été solennisé par un jugement militaire, et que rien n'en constate l'au-
torisation, permettez que, pour éviter les répé-
titions, je vous renvoie à la Vie de Charette,
seconde partie, page 315 et suivantes, que vous
pouviez également consulter, qu'il est même impossible que vous ne connaissiez pas. Mais votre
prédilection pour les assassinats qu'on impute à
Charette, y perdrait une occasion de déclamer
contre lui; elle ne veut voir que le crime. C'est
aussi mal à propos que, pour noircir davantage
Stofflet, vous le chargez personnellement de
l'exécution de M. de Marigny : il n'y a pas un
mot de vrai dans toute votre narration.

Le premier reproche, Messieurs, que j'ai fait
à votre impartialité, c'est d'avoir suivi avec exactitude un ancien plan tracé par la malveillance;
c'est une affectation ridicule à vanter les opérations et les chefs de l'armée d'Anjou, et à rabaisser les opérations et les chefs de l'armée du

Bas-Poitou. On trouve partout le *preux* l'Escure, le *bouillant courage* de la Roche-Jacquelein, le *héros*, le *valeureux* Bonchamp, « qui revient « à la charge avec un courage et une ardeur hé- « roïques; qui se battait avec sa valeur accou- « tumée; cet homme extraordinaire qui n'a pas « été assez apprécié par ceux mêmes de son parti; « qui avait l'instinct de la guerre, etc., etc. ». Un *héros* qui avait un courage, une ardeur *hé- roïques*, qui se battait avec sa valeur accoutu- tumée; voilà, en effet, qui est fort extraor- dinaire; mais vous vous trompez, ou plutôt vous n'avez pas voulu voir que le parti de Bonchamp l'avait apprécié à sa valeur. On a cité ce mot des représentants du peuple à la convention : « La mort de Bonchamp vaut une victoire pour « nous. — Le généralissime Delbée et M. de « Bonchamp, celui de tous les chefs de la grande « armée qui avait le plus de talents militaires, « d'expérience et de jugement, n'étaient pas « d'avis que l'armée entière passât la Loire. » — Buonaparte avait donné à la veuve de M. de Bonchamp, *le meilleur officier de l'armée*, une somme de 12,000 fr. (1).

« M. de Bonchamp emporta à juste titre les

_____

(1) Vie de Charette, pag. 191-194. — Supplément, p. 1 de l'avertissement.

» regrets et l'estime de toute l'armée. Il jouis-
» sait de toute la vénération de la grande armée
» comme de la sienne. On le voyait toujours
» avec joie. Il avait un visage gai qui lui gagnait
» tous les cœurs. On a parlé, on parle et on
» parlera toujours de lui avec le plus grand
» respect » (1).

Quand les historiens du parti de M. Bonchamp
l'ont mis au-dessus de tous les chefs de la grande
armée dont vous exaltez les talents militaires;
quand son parti lui érige un mausolée sur les
bords de la Loire, où il a vaillamment combattu,
ne dites pas, Messieurs, que son parti ne l'a pas
apprécié. Vous-même n'avez pas apprécié une
qualité bien recommandable, qui le distinguait
éminemment de la plupart des autres chefs, sa
modestie, égale à ses talents. C'est elle qui le fit
renoncer au généralat qu'ambitionnait Delbée;
qui vota et fit voter ses officiers en faveur de son
concurrent. Au reste, il y a des noms qui disent
tout: Bonchamp, Lescure, la Roche-Jacquelein,
sont ceux de l'honneur, de la vaillance, et n'ont
pas besoin de ces épithètes que vous entassez
avec une affectation ridicule. A cette boursouf-
flure d'éloges, on dirait des nains guindés sur

---

(1) Correspondance de M. Soyer, n° 9.

échâsses, pour voir en face des hommes de six pieds.

Mais parlez-vous de Charette? quelle diffé-rence! pas un petit mot d'héroïsme en son hon-neur : « Ce n'est qu'un partisan que l'alternative » des succès et le décousu de ses opérations » avaient laissé dans l'obscurité (1); moins au-» dacieux que les chefs de l'armée d'Anjou, » qui avaient voulu porter la guerre en Bretagne » et en Normandie, il resta constant dans le sys-» tème de partisan qu'il avait adopté » (2). Mais avec ses alternatives de succès et le décousu de ses opérations, Charette dans trois mois balaya son pays de tous les postes républicains. S'il fut moins audacieux que les chefs angevins qui pas-sèrent la Loire, il fut plus sage, plus prévoyant qu'eux; il ne vit dans cette funeste entreprise qu'une monstrueuse extravagance et la ruine du parti vendéen qu'elle laissait sans défenseurs. Certes, il y avait plus d'audace à rester seul, pour soutenir tout le poids d'une guerre terrible, d'une guerre d'extermination, que de la porter dans des provinces éloignées, suivi de quarante mille bouches inutiles, sans subsistances assu-

_____

(1) Annales, tome premier, page 169.

(2) Tome 2, page 193.

rées, sans munitions, sans moyens de retraite
en cas de mauvaise fortune.

Si la grande armée n'eût point quitté le théâtre
de ses premiers exploits ; si toujours constant,
selon vous, à s'isoler, Charette eût passé la
Loire, et qu'après avoir perdu plus des trois
quarts de son armée, il en eût abandonné les
déplorables restes sur la rive droite du fleuve,
pour rentrer en fugitif dans son pays et se cacher
dans les bois, de quelles épithètes ne flétririez-
vous pas sa téméraire entreprise et sa retraite
humiliante, puisque son dévouement héroïque
ne le met pas à l'abri des expressions dédai-
gneuses dont vous caractérisez ses opérations,
pour en ternir l'éclat ?

*Il resta constant dans le système de partisan
qu'il avait adopté.* Mais s'il n'était qu'un partisan, les héros de la grande armée n'étaient pas
autre chose. Tous combattaient pour l'autel et le
trône ; quelquefois ensemble, plus souvent éloi-
gnés les uns des autres, à raison des différents
points sur lesquels ils avaient à repousser l'ennemi du territoire qu'ils s'étaient chargés de défendre. Ils employaient les mêmes moyens, la
ruse et la force, soit en batailles rangées, soit
en rencontres particulières. Tantôt vainqueurs,
tantôt vaincus, ils partageaient ensemble les fa-
veurs et les disgrâces de la fortune. Les déroutes

de Nantes et de Luçon, les victoires de Torfou, de Montaigu, de Saint-Fulgent, leur étaient communes.

Si Charette eût passé la Loire avec la grande armée, les douze colonnes incendiaires qui traversaient la Vendée dans tous les sens et y ont mis tout en cendres, auraient massacré tous les habitants. Charette a sauvé son pays, et vous lui reprochez de ne l'avoir pas abandonné! Etrange aveuglement! ou plutôt déplorable exemple de la partialité qui vous anime contre lui ! S'il n'agit pas avec la grande armée, c'est un partisan qui s'isole. Dans les succès qu'il partage avec elle, vous ne voulez pas qu'il en partage l'honneur ; vous ne parlez de lui et de son armée que d'une manière défavorable. A la bataille de Torfou, Charette commandait en chef; il avait passé en revue les troupes auxiliaires dans la plaine de Chollet, et chaque division avait défilé sous ses yeux en bon ordre.

« Au premier feu, les Vendéens prennent la » fuite, principalement les soldats de Charette. » Lescure à la tête de quinze cents hommes sou- » tient pendant deux heures le combat; sur ces » entrefaites, Bonchamp arrive avec sa division; » il tombe sur les fuyards de Charette, et les » force de revenir à la charge. » Quoique ce récit ne soit pas exact, adoptons en entier le résultat,

4

les Vendéens remportent une victoire complète. Charette reçoit cinq balles dans son habit et une dans son chapeau qui emporte son panache blanc, il perd d'excellents officiers ; beaucoup sont blessés ; vous ne parlez que de ses soldats qui ont pris la fuite ; les auxiliaires ont tout fait, le général en chef rien.

Le surlendemain à Montaigu, Joly chef divisionnaire de Charette, commande l'avant-garde ; Lescure est au centre, Charette s'avance par le chemin de Nantes. L'ennemi vaincu fuit de ce côté ; Charette en fait une boucherie au pont de Remouillé, le poursuit jusqu'à Aigrefeuille, où la nuit l'empêche d'aller plus loin, et vous n'en dites rien.

A Saint-Fulgent, Charette attaque le soir ; la nuit était très-épaisse, le bourg est cerné ; Charette y entre seul, en faisant battre la charge par un tambour monté sur la croupe de son cheval. Un combat très - meurtrier s'engage pendant six heures, auquel les Allemands et les Suisses de l'armée d'Anjou ne prènent point de part. L'armée de Charette remporte seule la victoire, et la division de Savin qui formait l'avant-garde, y contribua plus que les autres. Erreur que tout cela, s'il faut vous en croire ; « Charette repoussé » par les républicains, est secouru par Lescure, » Beauvolier et le chevalier de Mondion, à qui

» vous décernez tout l'honneur de la victoire. »
Sans eux Charette était perdu.

Après la perte entière de l'armée d'Anjou,
« lors du retour de la Roche-Jaquelein, les
» troupes de la république établies dans presque
» tous les cantonnements principaux du pays,
» avaient obligé le général vendéen à chercher
» un asile dans les bois, ou dans les lieux écartés,
» pour éviter la rencontre d'un ennemi avec le-
» quel il n'était point encore en état de lutter
» avec avantage.

« Le rôle presque passif que jouait depuis
» quelque temps le général vendéen ne pouvait
» convenir à un guerrier habitué comme lui, à
» braver les plus grands périls. Lassé de fuir
» ainsi toutes les occasions de signaler son bouil-
» lant courage, il s'arrête le 4 mars au village
» de Trémentine, et se dispose à recevoir l'at-
» taque des républicains, qui sont obligés de céder
» le champ de bataille aux royalistes (1). »

Lorsque *le partisan* Charette n'était pas en état
de lutter avec avantage contre les républicains,
il se cachait comme *le héros* la Roche-Jaquelein
dans les bois, ou dans les lieux écartés, pour
éviter la rencontre de l'ennemi. Comme lui, ac-
coutumé à braver les plus grands périls, et lassé

_____

(1) Tome 2, page 209 et suivantes.

de fuir, ils se battaient, l'un à Trémentine, et l'autre au Clouseau ; avec cette différence que l'affaire de Trémentine ne fut qu'une légère rencontre, et que celle du Clouseau fut une action très-sanglante, où la mort du général Haxo releva le courage des soldats de Charette. Ainsi voilà *le héros* et *le partisan* sur la même ligne. Que sont les mots à côté des faits ?

Quelque soin, Messieurs, que vous preniez d'adoucir la situation fâcheuse qui enchaînait le courage de la Roche-Jaquelein, vous ne faites que rappeler le fatal événement qui l'y avait réduit, l'abandon de son armée. *Voilà donc*, dit madame de la Roche-Jaquelein, *l'armée vendéenne privée de son dernier espoir, de son général. Il n'y a plus qu'à attendre la mort* (1). Affreuse idée ! qui tourmentait l'âme du jeune héros, dans la profondeur des bois qui lui servaient de refuge. Mais quand il apprit le sort de cette armée dont il était l'idole, la vie lui devint insupportable ; il chercha la mort dans les rangs ennemis pour expier l'erreur d'un moment. Par malheur il n'en trouva pas une digne de lui.

Ah ! Messieurs, laissons à chacun la portion de gloire qu'il s'est acquise, de malheurs qu'il a

_____

(1) Mémoires de madame de Laroche-Jaquelein, t. 2, p. 107.

éprouvés, de fautes qu'il a pu faire. N'élevons pas
les uns par un langage ampoulé, qui les ferait rougir
s'ils pouvaient l'entendre, et ne ravalons pas les
autres par des expressions méprisantes, pour jeter
de la défaveur sur ce qu'ils ont fait. Tous avaient
le même but : s'il y en a qui se soient trompés, si
l'ambition ou des intrigues particulières ont nui
de part et d'autre à l'ensemble des opérations,
plaignons-les, et n'accusons personne, surtout
d'assassinats prémédités. Les cendres de ces
braves reposent glorieusement en paix ; croyez-
vous les ranimer par les vapeurs irritantes de
l'encens, par les prétentions de l'orgueil, ou les
traits de la jalousie ? Disons les faits pour l'histoire, et que les passions meurent à la vue des
tombeaux.

On me jugerait bien mal si on pensait, que
dans le parallèle que je viens de faire de Charette
et de la Roche-Jaquelein, j'ai cherché à répandre
de l'ombre sur la conduite et les belles qualités
de ce jeune guerrier. Personne plus que moi ne
lui a rendu justice, et n'a regrété plus vivement
sa perte. On trouve l'expression de ces sentiments dans ce que j'ai dit de lui (vie de Charette, première partie, p. 277 et suiv.) Mad. de
la Roche-Jaquelein, a qui j'en ai fait hommage,
me dit un jour: « Je suis bien contente du por-
» trait que vous avez fait de mon frère. » Ma-

dame, lui répondis-je, « la vérité est une bonne
» fortune en histoire, et je n'ai pas laissé échapper
» celle-là. » Cependant je n'ai parlé ni de héros,
ni de bouillant courage, ni de tout cet échafau-
dage d'éloges militaires, dont il semble que le
nom d'un homme de guerre ne puisse se passer
chaque fois qu'on parle de lui. Qui dit héros, dit
tout, et une fois pour toutes, il faut s'en tenir là,
et quelquefois c'est encore trop.

Plus j'avance, Messieurs, dans l'examen de
vos préventions contre Charette et son armée,
plus j'en reconnais l'injustice au fond, et la maladresse dans les formes. Pour vous en convaincre, je vais réunir dans un même cadre les traits
épars qui s'y rapportent, et je ferai sur chacun
en particulier, les observations dont il est sus-
ceptible.

« Les royalistes de l'ouest avaient tout perdu
» en perdant leurs premiers chefs. Charette,
» Stofflet et Marigny, étaient loin d'offrir les
» qualités et les talents essentiels pour organiser
» de vastes moyens, et entreprendre de grandes
» choses..... »

« Leurs attaques étaient des surprises et non
» des combats. Malgré tout le zèle que quelques
» historiens ont mis à célébrer les exploits et la
» conduite militaire de Charette, nous trouvons
» moins d'occasions de citer dans notre ouvrage

» les actions de ce chef vendéen, que celles des
» autres chefs royalistes. »

« Charette avait réussi, malgré de fréquentes
» défaites, à entretenir dans le parti vendéen un
» foyer d'insurrection, que devait encore rani-
« mer la présence des chefs qui venaient d'aban-
« donner la rive droite de la Loire ».

« Entouré de la confiance des Vendéens, et
« fort de leur dévouement à la cause du trône
« et de l'autel, il saura profiter de ses défaites,
« pour donner un nouvelle puissance à son
« parti ».

« Désormais la guerre de la Vendée ne sera
« presque qu'une guerre de poste, et ne sera
« plus signalée par des événements bien remar-
« quables ». (1)

Votre affectation, Messieurs, à reproduire
les fréquentes défaites de Charette, *qui donnaient une nouvelle puissance à son parti*, son
foyer d'insurrection, que devait encore ranimer
la *présence des chefs revenus d'outre-Loire*, le
parallèle, toujours désavantageux pour lui,
avec ceux de la grande armée, dans une circonstance aussi déplorable que celle où ils se
trouvaient, voilà donc les preuves de votre impartialité ! Louangeurs éternels à tort et à tra-

_____

(1) Tome 2, p. 146, 193, 194, 208. — Tome 3, p. 152.

vers, vous ne voyez ni les outrages que vous faites à la raison, ni les contradictions avec vous-mêmes, qui en sont la suite. Puisque vous trouvez moins d'occasions de citer les actions de Charette, dites-nous par quelle magie il donnait une nouvelle puissance à son parti *par de fréquentes défaites* ? La défaite de Waterloo et celles qui l'ont précédée, ont-elles donné une nouvelle puissance au parti de Buonaparte ? Ce langage est-il supportable dans la bouche de militaires ? A qui persuaderez-vous que des chefs qui abandonnent leur armée dans une terre étrangère pour rentrer dans leur pays et se cacher dans les bois, ranimeront, par leur présence, un parti qu'ils ont abandonné sur son propre territoire, surtout lorsqu'ils y sont mal reçus ?

MM. de Laroche-Jaquelein et Stofflet cherchèrent à rallier les hommes en état de porter les armes, pour s'opposer aux progrès des armées et des administrations républicaines dans plusieurs endroits : *ces messieurs furent mal reçus ; ils eurent la douleur de s'entendre dire par des habitants vendéens : Si nous vous livrions aux patriotes, nous aurions notre grâce et une récompense* (1). Voilà comment les chefs d'outre-

(1) Correspondance de M. Soyer, n° 13.

Loire ranimèrent le parti vendéen! Resté seul
de tous ceux que vous avez tant vantés, Laroche-
Jaquelein se cache, joue un rôle passif, et périt
peu de temps après.

Vous dites que Charette, Stofflet et Marigny
étaient loin d'offrir les qualités et les talents essentiels pour organiser de vastes moyens et entreprendre de grandes choses. La mort funeste de l'un,
l'isolement obstiné de l'autre, malgré l'invitation
et même l'ordre des princes, n'ont-ils pas laissé
Charette seul à la tête du parti vendéen? Si vous
trouvez moins d'occasions de citer dans votre
ouvrage les actions de ce chef, que celles des
autres royalistes, c'est que vous ne voulez pas
les voir, ou que vous refusez d'en parler. Dites-
nous au moins quels étaient ces royalistes, puisqu'il n'y avait plus de grande armée. Faites
attention que depuis le 10 mars 1793, que l'insurrection vendéenne a commencé, jusqu'à
l'extinction entière de l'armée d'Anjou et la mort
de Laroche-Jaquelein, il ne s'est écoulé qu'un
an; que la guerre en a duré trois, et que
vous ne pouvez pas avoir plus de choses à dire
de ceux qui n'étaient plus, que de celui qui
était, et qui a fait la guerre encore pendant deux
ans. Si vous ne parliez pas de lui, de qui parle-
riez-vous, puisque encore une fois Charette
restait seul?

Le 15 janvier 1794, il battit seul, dans le même jour, trois colonnes républicaines qui se portaient sur Chauché. La première, venant de Saint-Fulgent, était commandée par le général Grignon ; la seconde, sortie du village des Essars, était aux ordres du général Lachénaye ; la troisième venait du grand Luc. On évalua à 1500 hommes la perte des républicains dans cette journée, *et les Vendéens plus que jamais irrités des mesures terribles prises contre eux, firent très-peu de prisonniers* (1). Je prends acte, Messieurs, de votre aveu sur l'article des prisonniers, qui trouvera son application dans la suite.

Seul, Charette chassa les républicains de Legé, où Joly perdit ses deux fils. L'action fut très-meurtrière ; presque toute la garnison fut taillée en pièces ou noyée en passant la rivière, au moulin Guérin. Quatre pièces de canon, trois caissons, des munitions, des provisions de toute espèce, furent le prix de la victoire. Seul il a tenu tête aux douze colonnes infernales qui, le fer et la flamme à la main, parcouraient la Vendée dans tous les sens ; seul, il *les a lassées de faire une guerre régulière* à des hommes qui disparaissaient sans cesse, revenaient sans cesse à la charge, et les harcelaient sans les combattre. Il

(1) Tome 2, page 202.

« les obligea de renoncer à leur projet de destruc-
« tion par la force, et de se tenir sur la défensive.
« Il les força de se renfermer dans des camps re-
« tranchés pour tenir les royalistes en respect,
« et les empêcher de faire des progrès. » (1).

Voyant que les douze colonnes n'osaient plus
tenir la campagne, seul il va les attaquer dans
leurs camps retranchés ; il en emporte trois dans
deux mois, et les brûle : ceux de la Roulière et
de Fréligné, les 5 et 15 septembre, et celui des
Moutiers-lès-Maufaits, dont vous ne parlez pas.

Vous rapportez, Messieurs, tous ces faits. Pouvez - vous dire maintenant que la guerre de la
Vendée n'était presque qu'une guerre de poste ;
qu'elle n'était pas signalée par des événements
bien remarquables ; que les attaques des royalistes étaient des surprises et non des combats ?
Au reste, *dolus an virtus, quis in hoste requi-
rat* ? Charette a employé la force et la ruse contre un ennemi vingt fois plus fort que lui ; il
l'a battu non seulement dans une action particu-
lière, mais pendant plusieurs années ; et ceux
qui parlent avec dédain de ses faits militaires,
auraient peut-être moins bien fait que lui. Il
s'est couvert de gloire dans cette mémorable
campagne de 1794, qui lui mérita de la part de M.
le régent le titre glorieux de *second fondateur de*

(1) Tome 3, page 156.

la monarchie (1), le grade éminent de lieutenant-général commandant les armées catholiques
et royales dans tous les pays insurgés, et la décoration du cordon rouge. Ces grâces, émanées
de la justice du prince, et de son propre mouvement, ont aigri d'autant plus l'ambition et
l'orgueil de ses rivaux, qu'il les avait méritées
par ses services, et que les sollicitations et la
faveur n'y avaient aucune part.

Vous dites que si Charrette parvint encore
à lutter contre ses terribles adversaires, et à
se maintenir dans la basse Vendée, c'est qu'il
eut l'art de rendre pour ainsi dire nationale
la guerre qu'il faisait au gouvernement républicain. Non, Messieurs, ce n'est point lui
qui a rendu nationale la guerre de la Vendée.
C'est la loi du 19 mars 1793, au moment
même de l'insurrection, lorsqu'il était si facile
de l'appaiser ; loi atroce qui voue à la mort

---

(1) « Je puis vous parler de mon admiration, de ma
» reconnaissance, du désir ardent que j'ai de vous join-
» dre, de partager vos périls et votre gloire. Je le rem-
» plirai, dût-il m'en coûter tout mon sang. Mais en atten-
» dant ce moment heureux, le concert avec celui que ses
» exploits rendent *le second fondateur de la monarchie*,
» et celui que sa naissance appèle à la gouverner, sera de
» la plus grande importance. » (Lettre de Monsieur, régent de France, au général Charrette. — Véronne, le premier février 1795.)

une population entière. C'est le décret de la furibonde convention, du 1er août suivant, qui fait venir en poste la garnison de Mayence, et donne pour cette mesure trois millions au ministre de la guerre ; qui lui ordonne d'envoyer des matières combustibles de toute espèce dans la Vendée pour incendier les bois, les taillis et les genets ; qui dit que les forêts seront abattues, les repaires des rebelles détruits, les récoltes coupées par les compagnies d'ouvriers pour être portées sur les derrières de l'armée ; que les bestiaux seront saisis ; que les femmes, les vieillards, les enfants, seront arrachés du sol natal et conduits dans l'intérieur, et que les biens des rebelles seront déclarés appartenir à la république. C'est le brigandage et les cruautés des généraux républicains, atroces exécuteurs de ces lois barbares. Ce sont les douze colonnes infernales qui traversaient à-la-fois dans tous les sens le territoire de la Vendée, dont elles firent un vaste champ de carnage et un immense bûcher.

C'est le général Thureau de qui vous dites que *le carnage répugnait à ses principes*. C'est lui qui, sous les murs de Noirmoutiers, que les royalistes défendaient avec le courage et la force du désespoir, voulant faire cesser le carnage des siens, fit sommer le commandant de la place de la rendre, avec menaces de passer la garnison au fil de l'épée si elle refusait de capituler, et *promesse d'une bonne composition* si elle consentait à mettre bas les armes. On capitule, les Vendéens se rendent prisonniers de guerre. Thureau les fait renfermer dans l'église, il ordonne une battue dans l'isle, aucun habitant n'échappe ; tous sont amenés au quartier général, (1) et le lendemain, Thureau fidèle à ses principes comme à sa parole, en fait fusiller dix-huit, tant prêtres que femmes. Il s'occupe ensuite *de la bonne composition* qu'il avait promise au commandant. On lui arrache la langue, ainsi qu'à plusieurs officiers qu'on fusille sur la place. Les jours suivants, on fit sortir successivement des prisonniers, sous prétexte de leur donner des passeports pour retourner dans leur pays, et on les conduisit au bord de la mer où ils furent tous massacrés.

C'est lui qui fit publier une proclamation portant, que tous ceux qui mettraient bas les armes, et se soumettraient aux lois de la république, pourraient rentrer librement dans leurs foyers, et qu'il ne leur serait fait aucun mal. Sur la foi de cette proclamation, quatre-vingt-dix hommes des paroisses de Froidefond

***

(1) Annales, tome 2, page 199.

et de Faléron se rendent à Legé , remettent
leurs armes et reconnaissent la république. On
les accueille fraternellement, et le lendemain,
sous prétexte de les compter, on les fait mettre en rang, et à un signal convenu , une décharge de mousqueterie les renverse.

C'est lui qui excite les membres du comité de salut public à prendre des mesures
plus sévères contre les royalistes. C'est l'ordre
extravagant de ce comité donné en conséquence
à tous les Vendéens, de quitter sans délai ,
leur territoire, et de se retirer à vingt lieues
dans les terres de la république. Des colonies
républicaines devaient repeupler le pays ainsi
privé de ses habitants ; (1) ordre impossible
dans l'exécution, auquel par adoucissement ,
le comité substitua les douze colonnes infernales dont le général à principes fit un si bon
emploi.

Une de ces colonnes s'avance vers le bourg
de Jété à une petite lieue de ma demeure ; des
émissaires viènent dire aux habitants : *restez
chez vous , on ne poursuivra que les fuyards.*
Les hommes fuyent, excepté les vieillards,
les femmes et les enfants, qui se rassemblent
sous la halle pour voir passer la troupe. Elle

---

(1) Tome 2 , pages 153 et 154.

arrive , et toute créature vivante , au nombre
de trois à quatre cents , est exterminée. Mais
de tous les hommes à principes en fait de
carnage , le général Grignon passait pour le
plus rusé et le plus expéditif. « On est bien
» maladroit, disait-il; on tue d'abord. Il fau-
» drait d'abord exiger le portefeuille, puis l'ar-
» gent, sous peine de la vie ; et quand on aurait
» le tout, on tuerait tout de même. J'ai ordre
» de tout incendier , et de faire fusiller tout ce
» qui se trouvera devant ma troupe (1) ».

Le comité de surveillance de Fontenay écrivait à celui de Rochefort concernant le général
Suchet, « les droits de l'homme et du citoyen
» sont outragés par un monstre dont la con-
» duite surpasse celle du cruel Néron. Hâtez-
» vous de demander aux autorités de Luçon,
» les crimes qu'elles peuvent reprocher à ce
» monstre. » Le comité ajoutait , « il y a deux
» mois, toutes les communes insurgées mettaient
» bas les armes. Le rassemblement des brigands
» ne formait plus qu'un total de 500 hommes,
» mais on vit avec peine que la guerre allait
» finir. On incendia, on pilla , et dès-lors,
» Charette se fit de nouveaux partisans. »

_____

(1) Mémoire de Lequinio au comité de salut public , du
12 germinal an 14.

Voilà, Messieurs, ce qui a rendu nationale la guerre de la Vendée, et vous le saviez bien, puisque tous ces documents se trouvent dans les écrits que vous citez souvent, et que vous-mêmes en rapportez plusieurs. Je voudrais n'avoir pas à vous faire le reproche sanglant que vous méritez par l'horrible imputation que vous faites aux Vendéens dans le paragraphe suivant.

« Leurs attaques étaient des surprises et non » des combats ; et comme presque toujours la » cruauté est l'attribut de la faiblesse, ils ne » justifiaient que trop souvent par leurs excès, » les mesures terribles que la convention ordon- » nait contre eux, et déshonoraient par des » actes indignes de chevaliers français, la » cause qu'ils défendaient. » (1)

J'ai relu vingt fois ces lignes, et chaque fois dans ma stupeur je ne pouvais en croire mes yeux. Quel siècle, bon Dieu, que notre siècle des lumières! Depuis quand les victimes justifient-elles les crimes de leurs tyrans? Quel renversement de la morale! Non, le plus fougueux jacobin de la convention n'aurait pas osé proférer un pareil blasphème. On justifie tout, jusqu'à la convention ; justifiez donc aussi les assassins

---

(1) Annales, tome 5, page 152.

5

de Fualdès , parce qu'il se débattait sous le cou-
teau.

Le général Marceau disait : « Toutes les fois que
» je me réveille en songeant aux horreurs de
» la Vendée, ces affreux souvenirs me déchirent;
» il n'y a plus de sommeil pour moi. » Le général
Danicamp écrivait : « On m'a pris pour un fou,
» lorsqu'on m'a entendu gémir sur la conduite
» qu'on a tenue dans ce pays ». Vous - mêmes,
Messieurs, ne dites-vous pas que les républicains chassaient devant eux les Vendéens comme
des bêtes sauvages? . . . . . . Hommes , femmes ,
enfants, qui ne tombaient point sous le plomb
meurtrier, ou qui n'étaient point massacrés par
le sabre étaient saisis, faits prisonniers et menés
comme en holocauste au proconsul Carrier, qui
tenait à Nantes une cour de carnage. Lorsque
le proconsul rendait compte à la convention des
batteaux à soupapes, des mariages républicains,
de tous les moyens de destruction avec lesquels
il ensanglantait chaque jour les flots de la Loire,
il recevait pour réponse , *bien mérité de la
Patrie*. . . . . . (1) Ces prodigieux abus du pouvoir, dites-vous encore, ces miracles du crime
étaient bien peu propres à finir une guerre qui

_____

(1) Tome 4 , p. 43 et suiv.

faisait toujours le désespoir de la république, et cependant vous les justifiez.

Charette apprend le sort des émigrés à Quiberon, il fait fusiller des prisonniers détenus à Belleville, à la réserve de deux qu'il renvoie aux autorités civiles et militaires de la république, pour les en informer. « Allez, leur dit-il, » rendre compte de la manière dont vous avez » été traités dans mon armée depuis quatre mois, » des soins qu'on a eus de vous, et dites que, » d'après le traitement qu'on fait éprouver aux » prisonniers de Quiberon, pas un de vous » n'existera demain matin. »

» Il écrivait à ces autorités : « C'est avec la » plus vive douleur que je me suis vu forcé » d'user de représailles, afin d'empêcher, s'il » est possible, de pareilles barbaries. Mais je » vous déclare que j'en userai ainsi à l'avenir, » toutes les fois qu'on égorgera des prisonniers » royalistes. » Direz-vous, Messieurs, que ces funestes représailles justifient les massacres de Quiberon, lorsque M. de Sombreuil, par un dévoûment sublime, avait stipulé et obtenu que les émigrés seraient traités comme prisonniers de guerre ? Sans cette convention, verbale il est vrai, mais qui devait être sacrée, puisqu'elle était faite au champ d'honneur, croira-t-on que les émigrés eussent mis bas les armes pour ten-

dre la gorge au fer d'un ennemi barbare et sans
foi ? L'insecte le plus vil rassemble toutes ses
forces pour résister à sa destruction, et des
hommes courageux, accoutumés à braver la
mort pour le salut de leur patrie, auraient perdu
tout-à-coup leur courage et l'honneur, pour se
livrer sans défense aux tyrans de cette patrie
pour qui leur sang avait tant de fois coulé !

Vous prétendez que Hoche, « dont la fran-
» chise républicaine ne se permit jamais un men-
» songe, Hoche a toujours démenti cette capitu-
» lation (1) »; mais M. de Sombreuil, dont la
franchise valait bien celle de Hoche, l'a invo-
quée jusqu'à son dernier moment. « Prêt à pa-
» raître devant Dieu, je jure qu'il y a eu une ca-
» pitulation, et qu'on s'est engagé à traiter les
» émigrés comme prisonniers de guerre ». Puis
se tournant vers les grenadiers qui l'entouraient :
« J'en appelle à votre témoignage, c'est devant
» vous que j'ai capitulé ». L'homme qui croit en
Dieu, et qui jure en son nom au moment de
mourir, doit être cru sur son serment. La franchise
républicaine de Hoche ne l'empêchait pas de
mentir au besoin, et selon l'usage des généraux
républicains : sa correspondance imprimée avec

---

(1) Tome 4, page 230.

le directoire, en offre des exemples que je pourrais citer.

» Malheur, dites-vous, à l'écrivain qui prend
» à tâche de réciter les épouvantables excès commis dans sa patrie, au nom sacré de la liberté (1) »! Plutôt, malheur à ceux qui prennent à tâche de justifier ces excès, en accusant de les avoir provoqués, ceux qui en ont été les victimes ! Malheur à ceux qui dans leurs récits se font un odieux système de calomnie, qui prennent un plaisir barbare à flétrir l'honneur de ceux qui ont figuré avec gloire dans les dissensions civiles, pour défendre la religion et le gouvernement de leurs ancêtres ! Malheur à ceux qui distillent le fiel amer de la malignité sur les actions de ces généreux défenseurs, dont l'humanité égalait le courage ! Enfin, malheur à ceux qui, en parlant de vérité et d'impartialité, descendent à la bassesse des plus grossiers mensonges, aux viles manœuvres des écrivains de parti (2)!

Selon vous « Charette n'était point dans l'habitude de faire des prisonniers. Tous les soldats qui tombaient entre ses mains étaient fusillés, ainsi que les paysans qui trahissaient la

---

(1) Tome 2, page 192.

(2) Tome premier, page 170. — Tome 2, pages 65-205.

» cause royale par peur, ou par attachement aux
» principes révolutionnaires. Les républicains
» tuent mes soldats, lui fait dire son historien,
» égorgent les vieillards, les femmes et les en-
» fants ; je ne veux faire grâce qu'à ceux qui se
» rangeront de mon côté ; *et encore ce ne sera*
» *que quand je me serai assuré de leur fide-*
» *lité* (1) ».

Que des goujats littéraires, dans leurs débats
polémiques, s'arment de faussetés les uns contre
les autres, c'est un scandale auquel on est accou-
tumé. Mais qu'une société respectable, du
moins par la qualification qu'elle se donne, une
société de militaires et de gens de lettres qui travaille pour la postérité, salisse ses écrits par des
falsifications aussi palpables, c'est un sujet d'af-
fliction pour l'écrivain que l'on cite, une tache
à l'honneur de celui qu'on met en scène, un
mensonge pour l'histoire, un motif de défiance
pour le public, qui ne sait plus où trouver la
vérité. Vous concluez de votre assertion « qu'un
» pareil système était bien contraire aux intérêts
» de la cause dont Charette s'était fait défen-
» seur, et ne pouvait amener aucuns résultats
» favorables à son triomphe ; vous dites que

---

(1) Tome 2, page 155.

» ceux qui ont voulu faire un héros de ce chef
» vendéen auraient dû le représenter sous des
» traits moins odieux et avec des couleurs moins
» prononcées. »

Ce reproche qui s'adresse directement à moi,
rend ma défense commune avec celle de Charette ; elle sera sans réplique. 1° C'est mentir
en présence de toutes les armées vendéennes, de
dire que Charette n'était pas dans l'habitude de
faire des prisonniers, et que tous les soldats qui
tombaient entre ses mains étaient fusillés. 2° C'est
mentir à vous-mêmes, puisque vous devenez à
la fois vos dénonciateurs et vos juges, en citant
des faits contraires à vos assertions. Vous convenez qu'à la prise de Machecoul, Charette fit
600 *prisonniers* (1) ; qu'à celle de Noirmoutiers,
la garnison *resta prisonnière*, et fut transférée à
l'Isle de Bouin (2) ; qu'au combat de Chauché,
les Vendéens, plus que jamais irrités des mesures
terribles prises contre eux, firent *très-peu de
prisonniers* (3). Ils en faisaient donc, même dans
l'exaspération de leurs vengeances ! Vous venez
de voir qu'il y en avait à Belleville lors des massacres de Quibéron : j'ajouterai qu'à Machecoul

_____

(1) Tome premier, page 170.
(2) Tome 2 , page 65.
(3) *Ibid.* , page 205.

Charette confia la direction des hôpitaux à un républicain. Au combat des Essars, lors de la reprise des armes, Charette fit plus de 300 prisonniers, qu'il renvoya le lendemain au représentant Gaudin, résidant aux Sables, et qui avait fait enlever le commandant Allard, avec une vingtaine des siens. Le représentant ne lui répondit même pas, il fit fusiller l'officier qui les conduisait, sous prétexte qu'il ne s'était pas bien défendu.

Si le système de cruauté que vous attribuez à Charette contre des témoignages aussi publics, et contre vos propres aveux, est de votre façon, « pour amener des résultats défavorables à son » triomphe; » si c'est vous qui cherchez à le rendre odieux par des actes habituels d'inhumanité qu'il n'a pas commis; si vous falsifiez mes phrases pour y substituer les vôtres, et les faire cadrer avec vos impostures maladroites; si vous en ajoutez dont je n'ai pas dit un seul mot; si tout cela est vrai, l'historien de Charette que vous chargez d'une calomnie contre lui, ne peut s'en justifier qu'en vous dénonçant vous-mêmes au tribunal de l'opinion publique et à la postérité, comme des calomniateurs et des faussaires; en voici les preuves (1).

_____

(1) Si Charette avait voulu faire fusiller tous les soldats

Charette, échappé miraculeusement de l'île
de Bouin, était poursuivi avec acharnement par
les républicains. Un jour sortant de la forêt de
Touvoix, il rencontre sur la grande route un
convoi de charrettes chargées de foin et de paille,
escortées par des cavaliers républicains, dont
cinq furent faits prisonniers, avec deux métayers
qui conduisaient leurs charrettes. « Mon ami,
dit-il, à l'un des cavaliers, les républicains tuent
» tous mes soldats, égorgent les vieillards, les
» femmes et les enfants. Je ne ferai grâce, *désor-*
» *mais*, qu'à ceux qui se rangeront de mon côté;
» choisis. » Le cavalier se rangea parmi les Vendéens. Ses quatre camarades et les deux métayers
tinrent ferme pour la république, et Charette qui
ne pouvait plus garder de prisonniers, les fit
fusiller (1). Vérifiez, Messieurs, et comparez

----

qui tombaient entre ses mains, les siens s'y seraient re-
fusés; et dans les circonstances rares qui rendaient ces
exécutions nécessaires, après quelques coups de fusil, ils
favorisaient les évasions. *Cela tressaute le cœur*, disaient
ces bonnes gens, *de tuer des hommes comme ça !* Les
cœurs républicains n'avaient point de ces faiblesses. Plus
la moisson était grande, plus leur triomphe était doux ; et
quand elle n'était pas en proportion de leur renommée,
leur vanité s'en dédommageait par des exagérations
dans leurs comptes rendus au gouvernement.

(1) Vie de Charette, première partie, page 215.

cette citation avec la vôtre que j'ai rapportée page 69.

Vous calomniez Charetté et moi, en lui faisant faire et en me faisant dire ce qu'il n'a pas fait, ce que je n'ai pas dit ; vous changez en système de conduite habituelle, un simple mot de circonstance ; et pour l'envenimer davantage, vous en détachez la circonstance où ce mot a été prononcé. Charette a dit « je ne ferai grâce *désor-* » *mais* qu'à ceux qui se rangeront de mon côté. » Vous lui faites dire : « je ne veux faire grâce qu'à » ceux qui se rangeront de mon côté ». Quand on cite, on doit citer fidélement ; cette phrase est si courte, qu'on n'y peut rien changer qu'avec une intention bien prononcée ; et voici quelle a été la vôtre : vous supprimez le mot *désormais*, parce qu'il prouve, qu'au moins jusques-là Charette avait fait des prisonniers. Ce mot vous gêne et vous l'ôtez, parce qu'il vous donne un démenti sur l'assertion que tous les soldats qui tombaient entre ses mains étaient fusillés. Convenez, Messieurs, que j'explique tout naturellement votre escamotage. Votre impartialité aura bien de la peine à se tirer de là.

Enfin ce qui paraîtra plus étonnant que tout ce que nous avons vu jusqu'ici, c'est la condition bizarre sans laquelle vous prétendez que Charette ne voulait point faire de grâce aux prisonniers ;

vous ajoutez cette ridicule interpolation, « *et* » *encore, ce ne sera que quand je me se-* » *rai assuré de leur fidélité* ». Il peut y avoir dans cette phrase beaucoup d'esprit et de finesse que je n'aperçois pas. C'est une énigme dont vous seuls pouvez donner le mot. Dites-nous donc comment Charette, « qui faisait fusiller tous » les soldats qui tombaient entre ses mains, » s'y prenait pour s'assurer de leur fidélité, après leur mort ; et lorsqu'il s'en était assuré, ce qui demande un certain temps d'épreuve, comment vous voulez nous faire croire *qu'il ne faisait pas de prisonniers.* Je puis vous assurer que Charette n'a jamais rien dit d'aussi subtil, et que pour tout au monde, je ne voudrais pas l'avoir écrit. Cachez-vous, Messieurs, cachez-vous bien sous le voile de l'anonyme.

Puisque me voici au chapitre des incompré-hensibles, j'en vais rapporter un autre article qui ne l'est pas moins que le précédent. C'est à la page 48 du tome 4, qu'on lit ces merveilleuses paroles. « Le supplice de Roberspierre, de » Carrier, et des autres grands coupables im-» molés à la vengeance nationale, était inconnu » de la plupart des royalistes. Les chefs de » ce parti étaient seuls instruits des événements » po'itiques qui donnaient à la république une » consistance plus formidable que jamais ; mais

» intéressés personnellement à persuader que
» leurs rivaux étaient faibles, ils avaient apporté
» tous leurs soins à laisser dans l'ignorance les
» peuples qu'ils avaient armés. » J'avoue, de
bonne foi, que je ne comprends pas comment les
chefs royalistes étaient seuls instruits, et comment ils étaient intéressés à laisser les Vendéens
dans l'ignorance de ce que vous appelez la justice
nationale. N'était-ce pas, au contraire, la meilleure nouvelle qu'ils pussent leur apprendre? Je
comprends encore moins comment ils auraient pu
leur en faire mystère, lorsqu'il n'y avait pas un
trou de lapin en France, ni même en Europe,
où cette nouvelle ne fût parvenue ; lorsqu'il
y avait des correspondances journalières avec
Nantes, où Carrier offrait tous les jours en holocauste aux flots de la Loire, des familles vendéennes ; lorsqu'à la mort de Roberspierre,
toutes les prisons furent ouvertes, et que chacun
retourna dans son pays, où il publia sur tous les
toits ce grand événement ; enfin, je ne vois pas
que la consistance formidable acquise à la république l'ait menée bien loin.

Jusqu'ici, Messieurs, vous n'aviez calomnié
que Charette et Stofflet ; vous n'aviez parlé que
de la mésintelligence qui régnait entre eux ;
maintenant vous nous les réprésentez comme des
hommes féroces, qui pour s'entre-détruire, em-

ployaient l'un contre l'autre des armes destinées
à combattre l'ennemi commun ; et vous impli-
quez dans cette imposture tous les chefs, tous
les royalistes de la Vendée, devenus féroces
comme eux. Voici vos propres paroles.

« Dévorés de la soif du commandement, ils
» oubliaient dans les accès d'une basse jalousie,
» le noble but que s'étaient proposé les pre-
» miers moteurs de l'insurrection des Vendéens.
» *Plus d'une fois irrités l'un contre l'autre, ils*
» *avaient employé leurs armes à s'entre-détruire,*
» *et chacun d'eux aurait voulu traiter son rival*
» *comme l'infortuné Marigny, immolé par eux*
» *à leur commune ambition....... Devenus fé-*
» *roces par leur faiblesse et leurs malheurs,*
» *exaspérés par l'exemple de haine que leur*
» *donnaient ces chefs imprudents, les roya-*
» *listes avaient perdu la loyauté naturelle de*
» *leur caractère*, et la guerre qu'ils faisaient
» encore aux républicains, n'était plus dans les
» derniers mois de 1794, et dans les premiers
» de 1795, qu'un brigandage affreux auquel *Bon-*
» *champ, d'Elbée, et surtout le preux la Ro-*
» *che-Jacquelein et son digne ami l'Escure,*
» *auraient rougi de prêter leur nom....* Six cent
» mille hommes avaient péri consumés par cette
» horrible guerre. » (1)

(1) Tome 4, page 42.

De quelle frénésie, Messieurs, êtes - vous
donc atteints pour vous déchaîner ainsi, et sans
cesse, contre tous les Vendéens, et pour calomnier leurs chefs ? Il est faux que Charette
et Stofflet ayent tourné leurs armes l'un contre
l'autre. Vous dites qu'ils l'ont fait plus d'une
fois ; eh bien ! citez en une, ou vous serez convaincus de calomnie dans cette odieuse imputation. Il est également faux que dans les derniers mois de 1794 et dans les premiers de
1795, la guerre n'était plus qu'un brigandage.
C'est dans les mois de septembre et d'octobre
1794, que Charette emportait les camps retranchés des républicains ; c'est le 17 février 1795,
que la République traitait de la paix avec la
Vendée, comme de puissance à puissance, et
les chefs angevins, que vous citez à tout propos sans raison, loin d'en rougir, se seraient
fait honneur de participer à des succès aussi extraordinaires. C'est à cette époque que M. le
Régent, appelait Charette *le second fondateur
de la monarchie*, et l'avait nommé cordon
rouge dès le mois de juillet (1). Il est faux que six
cent mille hommes ayent péri dans cette guerre.
Deux cent mille seulement y ont péri, et c'est le

(1) L'envoi n'en fut retardé que par le défaut de communication.

crime dela convention; c'est ce chancre politique, qu'elle entretenait pour maintenir sa puissance, par le brigandage de ses généraux , la férocité de ses soldats , et la scélératesse des soi-disant représentants du peuple. Croyez-vous par vos déclamations insensées, et toujours contraires a la notoriété publique , diminuer le tribut d'éloges et d'admiration dont notre siècle , et les siècles futurs honoreront a jamais la Vendée? Ne vous en flattez pas.

En nous présentant l'épouvantable tableau des féroces républicains , chassant devant eux les Vendéens, *comme des bêtes sauvages* (1), vous osez dire que les royalistes étaient devenus *féroces*, qu'ils avaient perdu la loyauté naturelle de leur caractère ! En pareil cas , auriez-vous conservé la loyauté et la mansuétude du vôtre., qui vous abandonnaient dans l'abus de la victoire? Osez-vous dire que dans l'état déplorable où vous représentez les Vendéens, ils devaient *comme autrefois* , *s'assembler en nombreuses colonnes* , *et forcer par leur valeur les républicains à les laisser en paix?* Il n'est pas , Messieurs, que dans le cours de vos victoires , vous n'ayiez éprouvé quelques défaites. Si dans

---

(1) Tome 2 , page 192.

le fort d'une déroute embarrassée de vieillards, de femmes et d'enfants, un aboyeur sans jugement, vous eût crié : *Rassemblez vos nombreuses colonnes et forcez vos ennemis à vous laisser en paix*, qu'eussiez-vous dit de cet insensé?

S'assembler en nombreuses colonnes, quand on les chasse devant soi comme des troupeaux de bêtes sauvages ! ce n'est que dans l'aigreur d'un sarcasme inexplicable, ou dans l'ivresse d'une orgie, que vous avez pu dire une chose aussi absurde que dérisoire. Il faut connaître bien peu le cœur humain et l'empire des circonstances, il faut des âmes de bronze, pour mettre de pareilles conceptions à la place des mouvements de la nature.

C'est en vain, Messieurs, que vous chercherez à humilier les hommes de la Vendée. Vous ne trouverez nulle part, chez les peuples les plus célèbres, des actions plus éclatantes, des modèles plus parfaits de piété, de fidélité, de courage, de persévérance, au sein des plus grandes infortunes. Voyez le Vendéen paisible dans sa famille, uniquement occupé de ses travaux rustiques, abandonner tout-à-coup ce qu'il a de plus cher, sa femme, ses enfants, ses champs couverts de moissons, et courir au devant des ennemis de son dieu et de son Roi. Il part un bâton à la main, un morceau de pain bis dans sa

poche. Avec cette arme impuissante contre les
foudres de la guerre, il brave les bouches d'ai-
rain, qui vomissent la mort, qui fauchent l'espèce humaine comme la faulx abat l'herbe des
prés ; il s'y précipite, il s'en empare, il foudroie
à son tour et met en fuite des révoltés qui viennent pour exterminer des sujets fidèles, des
sujets dont la fidélité n'est point salariée. Après
un temps d'absence, il rentre dans ses foyers,
avec les marques honorables de son courage,
des blessures et des armes conquises sur l'ennemi.

Mais l'hydre de la république renaît de ses
défaites : de nouvelles phalanges plus nombreuses
que les premières s'avancent, inondent le territoire vendéen, gardien sacré de la foi de nos
pères et de l'honneur des lis. Il faut revoler au
combat ; la guerre va devenir plus sanglante,
plus terrible. 200,000 hommes y périront. Qu'im-
porte ? La cloche du village appèle aux armes ;
alors tous les travaux sont suspendus. Tous les
hommes valides s'assemblent et marchent au lieu
du rendez-vous, sous la bannière du chef qu'ils
se sont choisi. Le père de famille s'arrête un
moment pour embrasser encore une fois, là
dernière peut-être, son fils nouveau né, sa jeune
épouse en larmes, qui veut envain le retenir
dans ses bras. Douce espérance ! fais qu'elle

6

puisse jouir encore de ses embrassements ! Quel
deuil, s'il ne revient pas ! moins à plaindre
toutefois, que celui qui trouve sa famille
égorgée et sa chaumière en cendres.

Ces scènes de carnage et d'incendie se re-
nouvellent pendant trois années consécutives,
et c'est au milieu des débris fumants de leurs
demeures, dans ces champs abreuvés du sang
de leurs ennemis, et sur les tombeaux de leurs
parents, dont les mânes demandent vengeance,
que les Vendéens forcent la république à faire
la paix, et à payer les frais de la guerre, en
expiation des maux qu'elle leur a causés. Peuple
magnanime et digne a jamais de l'admiration de
tous les peuples ! Tu as moissonné des trésors
de gloire ; le dieu des armées t'en récompen-
sera. On te dit des injures, on te calomnie ; ton
dévouement l'a bien mérité. Peuple fidèle ! reste
debout ; que toute la France soit Vendée, et
le trône est inébranlable.

Je pourrais augmenter le nombre des citations
qui justifient les excès que vous reprochez aux
Vendéens contre un ennemi féroce et sans pitié ;
mais, en pareil cas, tous les moyens de défense
sont légitimes ; et vos trophées militaires, en des
circonstances moins terribles, ne reposent pas
sur des moyens plus édifiants que ceux dont
vous accusez les royalistes.

Il me reste à relever une foule d'erreurs,
d'exagérations, de contradictions, de ridicules
et même d'inepties dont vos documents sur la
Vendée sont entachés, surtout dans les récits de
combats, qui déshonorent un ouvrage rédigé par
des militaires. Ces récits sont infidèles ou ridicules, et quelquefois l'un et l'autre. Vous allez
en juger.

ATTAQUE DE NANTES. — *Le 29 juin* 1793.

« Les Nantais n'avaient qu'un camp de quinze
» cents hommes dans la position de Saint-Geor-
» ges, près de Nort..... Le 27, l'attaque com-
» mence par d'Elbée, qui se porte sur le bourg
» de Nort, pour prendre le camp de Saint-
» Georges à revers (1).

Observations. — Le bourg de Nort est à sept
lieues de Nantes. Ainsi l'attaque de cette ville
ne pouvait pas commencer par un bourg qui en
est aussi éloigné. Nort est situé sur la rive
gauche de la rivière d'Erdre. Le pont sur lequel
passe la route d'Ancenis à Châteaubriant, porte

---

(1) Tome premier, pages 183 et 184.

le nom de Saint-Georges; mais il n'y avait pas de camp dans cet endroit ni aux environs. Le camp de Saint-Georges était à une demi-lieue de Nantes, entre la route de Paris et celle de Carquefou. Il se replia dans la ville à l'approche de l'ennemi. Il y a dans ce récit erreur de date, parce que l'attaque de Nantes n'eut lieu que le 29, jour de Saint-Pierre, erreur de lieu et fausse position sur la carte.

On était convenu, pour signal de l'attaque générale, que le 29, à deux heures du matin, Charette tirerait un coup de canon. A ce signal on court aux armes; on prépare tous les moyens de défense, chacun est à son poste; mais d'Elbée n'était pas au sien. Il n'y arriva qu'à dix heures du matin, et ce retard fut une des principales causes du mauvais succès de cette journée. D'Elbée, avec douze mille hommes et une forte artillerie, avait été tenu en échec devant le bourg de Nort, « où il éprouva une résistance si » courageuse, qu'il hésita s'il ne renoncerait » point à son entreprise. Une femme échappée » du bourg, lui ayant dit que les patriotes n'é » taient que quatre cents, il attaque de nouveau » et fait lui-même des prodiges de valeur (1). »

_____

(1) Tome premier, pages 184 et 185.

Voilà, Messieurs, ce que vous appelez *les succès que d'Elbée a remportés la veille*. Douze mille hommes avec de l'artillerie, devant une bourgade défendue par quatre cents qui n'avaient pas de canons ! Le brillant succès, le beau sujet d'éloges ! quand d'Elbée, au moment de renoncer à son entreprise, apprend qu'il n'a affaire qu'à une poignée d'ennemis, il attaque de nouveau et fait lui-même des prodiges de valeur. En voulant toujours le louer, vous le couvrez de ridicule. Les prodiges de valeur étaient du côté des républicains, qui se firent presque tous tuer.

ATTAQUE DE LUÇON. — 13 *août* 1793.

L'Armée vendéenne était de 35,000 hommes, d'Elbée en avait 20,000, et douze pièces d'artillerie. Charette 6,000, et M. Deroyrand 9,000. Le général Tunque qui défendait la place, n'en avait que 9,000.

« Sur la gauche, d'Elbée ne trouvant nul obsta-
» cle, avait obliquement dépassé la ligne de
» bataille, et ne voyant point de colonne à
» combattre, il crut devoir, par une contre-marche
» rapide, se porter vers le centre dont il
» apercevait le désordre... D'Elbée trop faible

» pour résister, est entraîné dans le mouvement
» rétrograde. » (tome 1 page 232)

Observations. — L'Historien de la Vendée
avait déjà dit que d'Elbée, avec 20,000 hommes
et douze pièces de canon qui n'avaient pas
brûlé une amorce, était *trop faible* pour résister à un ennemi qui n'en avait pas la moitié,
et que ses pertes avaient affaibli. Cette raison
peut être excusable dans un homme qui n'est
pas du métier; mais des militaires peuvent-ils
la répéter? et quel rôle faites-vous jouer à
d'Elbée? *S'il ne trouvait pas d'obstacle sur la
gauche,* pourquoi dépassait-il sa ligne de bataille? Qu'allait-il chercher au delà, puisque
l'ennemi n'était pas de ce côté? *il ne voyait
pas de colonne à combattre,* c'était donc
un chevalier errant qui cherchait des aven-
tures. *En s'éloignant obliquement de la ligne
de bataille, il apercevait le désordre du centre;*
(apercevait, le mot est joli,) s'il fût resté à
son poste, le centre aurait donc été écrasé sans
qu'il en sût rien; n'avait-il pas des aides-de-
camp pour lui rendre compte de ce qui se
passait sur les différents points de la ligne qui
était peu étendue dans l'endroit où l'action se
passsait, et dont à chaque minute il pouvait
connaître la situation? Puisqu'il apercevait le

désordre du centre, et qu'il avait dépassé la ligne de bataille , ne devait-il pas avec ses 20,000 hommes prendre l'ennemi en flanc , lui couper la retraite, et s'emparer de la ville qui était sans défense ? c'est à l'impéritie de d'Elbée qu'est due le perte de la bataille ; et qu'on ne dise pas qu'il était trop faible pour résister.

ATTAQUE DE St. FULGENT. — 13 *septembre* 1795.

« Charette avant d'attaquer , donne ordre à » Royrand campé près les Herbiers , de s'em- » busquer avec 3000 hommes aux quatre che- » mins , et de fondre sur les troupes républi- » caines au moment où elles seraient chassées » de St.-Fulgent ..... Si Royrand fût resté à » son poste, les républicains pouvaient être » tous exterminés ; mais ennuyé d'attendre , il » s'était rétiré, et le bruit du canon l'ayant seul » averti du combat, il était accouru avec 300 » chevaux qui furent d'un faible secours. » (tome 2 pages 50 et 51.)

Observations. — M. de Royrand , comman- dant en chef l'armée du centre, n'était point sous les ordres de Charette. Il ne se rendit point aux quatre chemins, sur l'invitation qui

lui en avait été faite, par ceque'il croyait que
l'attaque n'aurait lieu que le lendemain ; et
Charette attaqua le soir en arrivant.

« Royrand était un vieillard, ancien officier,
» chevalier de St.-Louis. Il joignait à un zèle
» ardent pour la cause royale, des moyens
» militaires bien supérieurs à ceux du plus grand
» nombre de ses compagnons d'armes. Il avait
» donné à ses troupes une organisation plus
» méthodique que celle des autres corps ven-
» déens. » (tome 1 page 178) C'est vous,
Messieurs, qui avez fait le portrait de cet
ancien militaire, et vous lui imputez un manque
de discipline que ne ferait pas un militaire de
quatre jours ; vous lui faites violer sa consigne,
quitter son poste, parce qu'il *s'ennuie d'at-*
tendre ; *il n'entend pas le canon de près et il*
l'entend de loin ; il était rentré dans son camp
avec 5000 hommes, et il revient avec 500 ;
que dira la postérité, si de semblables platitudes
lui parviennent sous le nom d'une société de
militaires ?

ATTAQUE DE CHALANS. 30 *avril* 1794.

« Stofflet ne se sentant plus assez fort pour
» continuer l'attaque, prit le parti de se

» retirer ; mais poursuivi par les républicains,
» il perdit, avant de gagner le village de la Bé-
» silière, un convoi de vivres. Charette se
» vit dans l'obligation de partager le pain de
» ses soldats avec ceux de Stofflet. »(tome 2,
pages 242 et 243.)

Observations. — Stofflet à la tête de 5000
hommes ne donna point, il se tint toujours
à l'écart.. L'historien de la Vendée dit naïve-
ment, (tome 2 page 263) *que son armée
n'avait pas le temps de prendre part à l'action.* Il avait dit précédemment, (page 258)
que le général Dutrui qui commandait à Chalans, ne pouvant empêcher la jonction des
armées vendéennes, enleva les convois de
Stofflet, dont la troupe arriva sans pain à la
Bésiliére. Le récit de l'historien est exact, et
vous n'auriez pas dû vous en écarter ; mais
vous avez voulu cacher la défection de Stofflet.
Charette partagea ses vivres avec lui, ce
qui fit murmurer son armée dans la crainte
d'en manquer, et l'obligea de marcher sans
délai sur Chalans. Ainsi ce fut avant et non
après la bataille, que Stofflet perdit ses vivres.

ATTAQUE DE GRANVILLE.

« Les chefs Tallemont, Soleirac, d'Auti-

» champ, Beauvolier, le curé Bernier, intimi-
» dés, s'approchent du rivage, et cherchent les
» moyens de s'embarquer pour l'Angleterre.
» Cette détermination porte la révolte à son
» comble...... Stofflet seul conservant en-
» core quelque ascendant sur cette troupe de
» mutins, leur propose de se mettre lui-même
» à leur tête pour arrêter les chefs fugitifs.
» Il court à cet effet vers le rivage, et trouve
» Tallemont prêt à s'embarquer. Stofflet dé-
» sarme le prince, le fait saisir et ramener
» sous bonne escorte, ainsi que ceux qui,
» comme lui, abandonnaient l'armée. » etc.,
(tome 2 page 127.)

Observations. — La seconde partie de cette
relation est entièrement controuvée. Voici, dans
la plus grande exactitude, ce qui se passa.
Munis de leurs effets, et même de quelques
uns appartenants à l'armée, les chefs déserteurs,
suivis d'environ 20 autres personnes parmi
lesquelles étaient plusieurs dames, se ren-
dirent au bord de la mer pour s'embarquer.
Ils firent des offres considérables à un marin
pour les conduire dans sa chaloupe à la flotte
anglaise, qui avait été reconnue dans ces pa-
rages depuis quelques heures. Leur départ clan-
destin indigna M. Delaroche-Jacquelein, Stof-

(91)

flet et autres, qui s'étaient bien sincérement
unis aux destinées des Vendéens, que ces
lâches abandonnaient après les avoir engagés à
quitter leur pays. Le marin refusa les offres
de ces déserteurs, qui cherchèrent à rejoindre
l'armée. Heureusement pour eux, ils se firent
conduire par un autre chemin que celui qu'ils
avaient tenu, et arrivèrent avant d'être joints
par cent cavaliers, auxquels MM. Delaroche-
Jacquelein et Stofflet avaient donné l'ordre de
les poursuivre et de les sabrer : nos généraux
leur firent les reproches les plus vifs. Ils furent
obligés de solliciter leur grâce, qui leur fut
accordée, à cause des ecclésiastiques et des
dames qui étaient avec eux. Cette démarche
leur fit perdre toute espèce de considération (1).

DESCENTE DE QUIBERON.

Pour fixer plus particulièrement l'attention
du public sur cet article important, je vais faire
mention d'une scène assez plaisante qui a des
rapports remarquables avec la descente de Quiberon.

Fatigué des allées et venues, du tumulte, des

(1) Correspondance de M. Soyer, n° 11.

embarras, dans ces jours d'aimables folies que
ramène le renouvellement de l'année, j'entrai
dernièrement, pour me reposer, dans cet asile
silencieux des aliénations mentales, où des folies
d'un autre genre confondent l'orgueil de notre
intelligence et humilient notre raison. Je vis
dans une cour un homme décemment vêtu, qui
tenait de la main droite une baguette, et qui,
de la gauche, gesticulait de façon à faire juger
qu'il s'occupait de choses très-importantes. Il
m'aperçut, et loin d'être déconcerté par ma
présence, il me fit signe d'approcher et de
prendre place a côté de lui. Il traçait sur le sable
des caractères insignifiants, et, sans interrompre
ses opérations : Monsieur, me dit-il, venez-
vous demeurer avec nous? — Pas encore; mais,
dans la suite, cela pourrait bien m'arriver. Êtes-
vous propriétaire de cette maison? — Non,
monsieur, mais j'y demeure. On y est fort bien,
et je serais fort aise de vous y voir. — Je vous
rends grâce. Peut-on vous demander quel est
votre emploi? — Historien, et dans ce moment,
je compose un combat. — Bon! voilà un historien du siècle des lumières, cela doit être curieux. — Regardez bien, dit le compositeur,
à l'extrémité de cette cour; vous voyez comme
moi, à travers une grille, le bord de la mer.
A l'extrémité opposée, vous voyez une ville,

des remparts , des batteries et une garnison : vous voyez aussi, dans le lointain , une flotte qui arrive à pleines voiles ; des troupes de débarquement descendent à terre , et marchent au pas de charge sur la ville. Le siége commence, on entre dans la place, la garnison est massacrée, les batteries enlevées, et les vainqueurs plantent leur drapeau sur les remparts. — Comment diable! voilà une ville bientôt prise, et je ne vois pas les remparts. — Cela m'est égal; mais l'affaire n'est pas finie : voyez la suite.

Les vainqueurs se retirent dans un fort, où on vient les attaquer au milieu de la nuit, pendant un orage épouvantable qui favorise la marche téméraire des assaillants. *A deux heures du matin, le ciel reprend sa sérénité*, le fort est emporté ; on poursuit les vaincus , qui se précipitent dans la mer pour regagner leurs vaisseaux. Entendez-vous le bruit du canon , le mugissement des vagues, *les éclats du tonnerre ?* L'historien , au coup de tonnerre, me frappa la cuisse de sa baguette ; et comme je le considérais attentivement, sans lui répondre : Ecoutez donc, répéta-t-il en frappant plus fort, ce qui m'obligea de mettre un peu plus de distance entre lui et moi. Je suis fort aise, Monsieur, que vous voyiez et que vous entendiez tout cela. Continuez vos combats , vous vous ferez une réputation.

Je vous souhaite le bon soir. En le quittant, je ne revenais pas de ma surprise. Cet homme, me disais-je, a-t-il lu les *Victoires et Conquêtes des Français*? Fait-il des combats pour la société? Envoie-t-il des notes? Comment enfin expliquer la parfaite ressemblance entre le combat d'un fou, et celui qu'on lit dans cet ouvrage, tome 4, page 204?

« Le 27 juin, au point du jour, le comte « d'Hervilly, à la tête de quinze cents hommes, « se porta avec Georges Cadoudal, sur la petite « ville de Carnac. La garnison républicaine, « trop faible pour résister long-temps, est mas- « sacrée; les batteries sont enlevées, et les roya- « listes arborent le drapeau blanc sur le rem- « part » (1).

Dans la nuit orageuse du 19 au 20 juillet, où le fort Penthièvre fut pris, « à deux heures du « matin, le ciel reprend sa sérénité. » Malgré l'air serein, et par le plus beau temps du monde, « les éclats du tonnerre ajoutaient à l'horreur du « spectacle des émigrés et des chouans, qui se « précipitaient dans la mer pour rejoindre les « embarcations » (2). Eh! bien, messieurs, tout

---

(1) Tome 4, pages 204.
(2) *Ibid.*, pages 221-228.

cela est dans la cour des Petites-Maisons; en-
voyez-y votre historien.

Observations. — C'est le 24, et non le 27,
que le comte d'Hervilly débarqua à la tête de
l'avant-garde, qui précéda de quelques heures
le débarquement du corps d'armée. Georges
Cadoudal n'était point avec M. d'Hervilly; il ne
vint à l'armée que le troisième jour.

Carnac n'est point une ville; c'est un village
ouvert de toutes parts, à une petite distance du
bord de la mer, et qui n'avait point de batteries.
Il n'y a aux environs ni rempart, ni fortifica-
tions, ni ligne de défense. La garnison ne fut
point massacrée, par la raison qu'il n'y en avait
pas. Lors du débarquement de l'avant-garde, il y
avait sur le bord de la mer un corps de deux à trois
cents républicains, qui firent une seule décharge,
et se retirèrent. Tous les postes, le long de la
côte, prirent l'épouvante à la vue de la flotte
anglaise, et se replièrent dans les terres.

« La première division de l'armée était com-
« posée des régiments Royal-Louis, Loyal-Emi-
« grant, Royal Artillerie, légions d'Hector, de
« Dudresnai, de Béon, de Damas, de Salm, de
« Rohan et de Périgord. Ces troupes pouvaient
« monter à 10,000 hommes. La deuxième divi-

« sion, aux ordres du comte Charles de Sombreuil,
« était forte de 3 à 4,000 hommes. » (1). »

Observations. — La première division n'était
composée que des cinq premiers régiments. Le
corps d'armée, au moment de la descente,
d'après les calculs faits à cette époque, a toujours été estimé à 4,000 hommes ; savoir : le
régimement d'Hervilly, 1,800 hommes ; d'Hector, 800 ; de Dudresnay, 800 ; de Loyal-Emigrant,
200 ; de l'Artillerie, 400.

Les débris des différents corps de Damas,
Béon, Périgord, Salm et Rohan, au total de
1,200 hommes, formèrent la deuxième division
sous les ordres de M. de Sombreuil.

Les vaisseaux de transport n'excédaient pas
le nombre de quarante au lieu de cent qu'on les
suppose ; les hommes armés pour la défense du
fort et de la presqu'île, étaient de dix-huit à vingt
mille au lieu de trente mille. Finalement, il
n'est pas vrai « que les Anglais ayent tiré à des-
» sein sur les émigrés, ni que le plus grand nombre
» ait péri par le feu des bâtiments qui auraient
» dû les protéger et les recevoir (2), » J'en parle

(1) Tome 4, page 201.
(2) Pages 211-228.

comme témoin de cette funeste catastr phe à laquelle j'ai échappé par miracle, et dont tous les détails que je viens de rendre, sont de la plus exacte vérité.

Je marchai pendant trois quarts d'heure sur le bord de la mer avant de trouver à m'embarquer, sans entendre les éclats du tonnerre, par le temps serein. J'avoue, Messieurs, que votre ouvrage étant une galerie de combats à perte de vue, si tous vos tableaux sont aussi fidèles que ceux de la Vendée, et surtout ceux de Carnac et de Quiberon, vous ferez un superbe présent à la muse de l'histoire.

DES CONTRADICTIONS.

PREMIÈRE.

La première est celle de l'isolement dont j'ai déjà parlé. Je vais seulement rappeler les pages où elles se trouvent, savoir: tome premier, p. 169 et 229. C'est à cette dernière que l'accusation est sur-le-champ contredite par le dévouement le plus honorable de Charette, et le sacrifice d'une partie de ses meilleures troupes.

DEUXIÈME.

La seconde est celle des prisonniers, tome 2, p. 155. C'est là qu'on trouve une citation falsifiée qui ne se rapporte pas au sujet dont il s'agit, et que vous y avez transplantée de l'endroit où elle est à sa place. Ainsi à la p. 155, Charette tue tous ses prisonniers, et vous convenez, (tome 1er, p. 170,) qu'à Machecoul il en a fait six cents. —Tome 2, p. 55, qu'à Noirmoutiers la garnison prisonnière fut transférée à l'isle de Bouin, et p. 203 du même volume, qu'au combat de Chauché les Vendéens firent *très-peu* de prisonniers.

TROISIÈME.

Vous dites, (tome 4, p. 53), que dans le traité de pacification de la Jaunais, les deux partis avaient également cherché à se tromper : les républicains, en laissant entrevoir la possibilité du retour de la monarchie ; et les royalistes en promettant une soumission entière à la république ; « mais du moins les républicains paraissaient » avoir desiré sincèrement la paix, tandis qu'en » traitant avec eux, Charette et les autres chefs » regardaient la paix comme une trève, et ne » cherchaient qu'un moyen sûr de se procurer

» quelque repos, et de réorganiser toutes leurs
» ressources pour une prochaine levée de bou-
» cliers. Charette ne fut pas long-temps sans
» laisser pénétrer ses véritables intentions à cet
» égard.

J'avoue encore ici que je ne conçois pas comment, dans un traité de paix où les deux partis
cherchent également à se tromper, il y en ait
un qui la desire sincèrement. La contradiction
est manifeste dans les termes comme dans les
idées. Quand tout le monde cherche à se tromper,
il n'y a de sincérité chez personne, et si les républicains paraissaient désirer sincèrement la paix,
ce n'était qu'un semblant, une ruse de plus pour
mieux tromper les royalistes... Mais les deux
partis savaient à quoi s'en tenir. La convention
ne publia qu'une partie du traité; et dans celle
qu'elle fit connaître, la plupart des articles res-
tèrent sans exécution. Les deux partis avaient
besoin de repos pour réorganiser leurs ressources
et les préparatifs d'une nouvelle guerre; les républicains pour attaquer, les royalistes pour se
défendre. La mort de Louis XVII, l'ordre du
comité de salut public, d'arrêter tous les chefs
des brigands, l'exécution de cet ordre dans la
personne de M. Allard, commandant de la division des Sables, paisible dans son camp sur la foi
du traité, qui fut surpris avec une vingtaine des

siens, et conduit aux Sables ; l'arrestation du
nommé *Goulepot* commandant aux environs de
la Garnache, avec douze des siens, conduits et
fusillés à Nantes ; la tentative d'enlever Charette
à son quartier-général de Belleville, par quarante
cavaliers du camp des Essars, porteurs d'une
proclamation aux insurgés, pour les engager à
livrer leurs chefs, et d'une sommation de quitter
la cocarde blanche, de mettre bas les armes, et
de livrer les magasins militaires ; les arrestations
de Cormartin, Jarry, Solihac et plusieurs autres
chefs royalistes, par le général Hoche, dont vous
convenez, (tome 4, p. 200) ; voilà les preuves
que les républicains avaient desiré sincèrement
la paix, et voilà celle qu'ils ont provoqué par
l'initiative, la reprise des armes que vous imputez
à Charette.

« La nouvelle de cette arrestation se répandit
» rapidement dans tout le pays royaliste ; elle fut
» pour les chefs le signal de reprendre les ar-
» mes ; » voilà encore de votre part un aveu bien
positif. « Charette et Stofflet reparurent à la tête
» de leurs troupes. » Non, Messieurs, Stofflet
n'y reparut pas. Il promit, et manqua deux fois
à sa parole, par les conseils perfides de l'abbé
Bernier. Cet homme, lui disait l'abbé, vous fera
donc faire la guerre et la paix quand il lui plaira!
Il a déclaré la guerre sans votre coopération ;

laissez-le déployer ses moyens. Il n'a pas partagé avec vous ce qu'il a reçu de l'Angleterre ; répondez que vous n'êtes pas en état de faire la guerre.

Une lettre en date du 26 avril 1796, adressée au comte d'Autichamp, et publiée dans la correspondance des émigrés, p. 470, contient ce qui suit ; « c'est à Stofflet qu'il faut attribuer cette » mésintelligence. S'il avait eu de l'attachement » pour son roi, il ne l'aurait pas abandonné dans » le temps que son courage pouvait lui être utile. » Il n'aurait pas promis, et ensuite résisté aux » invitations des princes, de reprendre les armes, » parce que le Roi avait donné à Charette le » grade de lieutenant-général et le cordon rou- » ge (1); il n'aurait pas dit que Charette avait été » sous ses ordres, ce qui est faux, etc. »

Ces documents authentiques et conformes à la notoriété publique vous sont connus. Vous les avez sous les yeux. L'historien de la Vendée, que vous suivez méthodiquement, vous dit, tom. 3,

---

(1) Lorsque Charette reçut le cordon rouge, il dit au comte de Rivière : Je ne porterai cette décoration qu'après que l'armée entière aura reçu sa récompense. Il ne l'a jamais porté publiquement, il l'avait dans sa poche lorsqu'on l'arrêta.

pag. 265, « que sur les nouvelles instances du
» comte de Rivière, pour le décider à seconder
» Charette, Stofflet promit sa coopération, quoi-
» qu'il fût bien résolu de n'agir que d'après les
» circonstances. » Combien faut-il de témoignages pour vous faire connaître la vérité ? On
dirait que vous avez fait pacte avec le mensonge
pour n'en laisser aucune dans votre ouvrage.
Vous faites combattre Charette et Stofflet l'un
contre l'autre, lorsqu'ils étaient en paix, et vous
les faites combattre ensemble lorsque la guerre
recommença, tandis que Stofflet s'y refusa constamment ; et c'est ainsi, Messieurs, que vous
écrivez l'histoire !

QUATRIÈME.

Vous avez répété, plusieurs fois, que Charette
n'avait point, comme les royalistes de l'ouest,
les talents essentiels pour organiser de vastes
moyens et entreprendre de grandes choses ; et
vous faites ce reproche à Charette, quand il en-
treprend seul de résister à toutes les forces de la
république. C'est pourtant la plus grande entreprise qu'il y ait eu dans la Vendée, et qui
fut couronnée par la paix. La grande entreprise
d'outre-Loire, dont les royalistes de l'Ouest
avaient organisé les vastes moyens, s'est terminée

par une destruction entière. C'est avec peine, que je me vois forcé de répondre par des événements aussi déplorables à vos éternelles déclamations, à vos comparaisons insensées entre Charette et les chefs angevins. Votre maladresse habituelle vient toujours échouer contre les faits.

Mais enfin, ce Charette qui n'avait pas de *grands talents*, dont vous trouverez moins d'occasions de citer les actions que celles des autres chefs royalistes, *ce partisan* qui, par ses fréquentes défaites, donnait *une nouvelle puissance à son parti* ; et que par un contraste singulier, l'alternative des succès *et le décousu de ses opérations* avaient laissé dans l'obscurité ; cet homme cruel qui tuait tous ses prisonniers, et que ceux qui ont voulu faire *un héros de ce chef vendéen*, auraient dû représenter sous des traits moins odieux, et avec des couleurs moins prononcées ; ce chef enfin, dont vous n'avez dit que du mal dans trois volumes, où je cherchais en vain pour lui un petit mot d'héroïsme, voilà qu'il vous échappe dans le quatrième ! J'y lis, page 56, à l'occasion de son entrée triomphale à Nantes :
« C'était pour les Nantais un grand et curieux
» spectacle de voir dans leur cité ce Vendéen
» fameux, resté seul de tous les chefs qu'ils
» avaient tant de fois combattus. Le peuple qui
» suivait en foule *le héros vendéen*, faisait re-

» tentir l'air de cris d'allégresse. » Loin de
blâmer cette contradiction, je l'euvisage comme
un remords de conscience qui vous fait bonneur,
et dont vous ne pouvez plus vous dédire. C'est
un petit mot réparateur d'injures, qui ne gâtera
rien à votre ouvrage.

CINQUIÈME.

Voici, Messieurs, des exemples bien frap-
pants de votre maladresse à louer sans cesse les
chefs de la grande armée. On serait tenté de
prendre pour des épigrammes sanglantes, les
éloges que vous leur prodiguez dans des circonstances qui les démentent, par des résultats
fâcheux et même humiliants.

Vous parlez des succès de d'Elbée, au camp de
St.-Georges, lorsqu'avec trente mille hommes et
douze pièces de canon, il est repoussé devant un
bourg défendu par quatre cents républicains qui
n'en avaient pas. Il allait abandonner la partie,
lorsqu'une femme vient lui dire, que la garnison
n'est que de 400 hommes. Alors le héros reprend
courage ; il attaque une seconde fois, *il fait lui-
même des prodiges de valeur*, et il entre triom-
phant dans le bourg. Qui de vous, Messieurs,
voudrait des éloges à pareil prix ?

Dans le récit du combat de Chollet, au moment

du passage de la Loire, vous dites : « Les disposi-
» tions de l'armée vendéenne parurent en cette
» circonstance, beaucoup plus militaires qu'elles
» ne l'avaient encore été; et c'est à Bonchamp qu'il
» faut en attribuer tout l'honneur. Cet homme
» extraordinaire, etc. » D'après cet éloge, on
doit s'attendre au succès de la bataille, et la plus
sanglante défaite enlève aux Vendéens leurs meilleurs généraux, un grand nombre de braves, de
l'artillerie et des munitions. Etait-ce bien le
moment de vanter les dispositions de l'armée,
beaucoup plus militaires qu'elles ne l'avaient encore été, et l'*homme extraordinaire*, à qui il
faut en attribuer tout l'honneur ?

Vous dites que la présence des chefs qui venaient d'abandonner la rive droite de la Loire,
« devait ranimer le foyer d'insurrection que
« Charette avait entretenu dans la Vendée, malgré
» de fréquentes défaites »; et pour prouver cette
assertion, vous nous montrez ces chefs se cachant
dans les bois, évitant les rencontres de l'ennemi,
et jouant un rôle passif ; si ces rapprochements
ne sont pas des ironies amères, comment faut-
il les appeler ? j'ai dit des maladresses ; mais
c'est pis que cela.

CHAPITRE DES ERREURS.

PREMIERE.

Vous suivez, Messieurs, pas à pas les documents de l'historien de la Vendée, qui vous conduit souvent à l'erreur. En voici une que vous pouviez facilement éviter. Vous dites d'après lui, que la politique de d'Elbée fit nommer Cathelineau, généralissime de l'armée d'Anjou, et qu'il *réunit la presqu'unanimité des suffrages.* L'historien dit seulement, qu'il fut nommé *à la pluralité.* Vous pouviez voir à la page 41 de la vie de Charette, la copie exacte de son brevet de nomination, déposé en original au bourg du Pin. Il y est dit, *que tous les vœux se sont portés sur M. Cathelineau, qui a commencé la guerre, et à qui nous avons voulu donner des marques de notre estime et de notre reconnaissance.*

DEUXIEME.

Vous avez aussi préféré le document de l'historien, qui place au bourg de Venanceau, le combat dans lequel le général Haxo périt, lorsque c'est au Clouzeau, que l'action a commencé.

L'historien dit aussi, que Charette avait suivi
la route de Beau-lieu au Clouzeau. Il arrivait
effectivement dans ce bourg et s'occupait à loger
sa troupe, lorsque des cavaliers qu'il avait envoyés a la découverte, revinrent au galop l'a-
vertir que l'ennemi les suivait de près. On
court aux armes, les républicains s'avancent et
l'affaire s'engage. Ce qui peut avoir donné lieu
à la version de l'historien, c'est que les deux
bourgs sont séparés par de grandes landes, qui
portent le nom de Venanceau, dans le voisinage
de ce dernier, et que dans la défaite de l'ennemi,
qui défendait le terrein pied a pied, il y eut
dans ces landes plusieurs engagemens sérieux.
Mais comme il n'est pas d'usage de donner aux
combats, les noms des lieux que les armées ont
parcourus dans la chaleur de l'action et la pour-
suite des vaincus, on doit appeler celui-ci le
combat du Clouseau; parce que c'est là qu'il a
commencé. Le commandant de la cavalerie qui
se trouvait à la bataille, et qui est actuellement
à Paris, M. Beaudereau, m'a confirmé dernièrement ce que je viens de dire. L'exactitude
historique réclamait cet éclaircissement sur une
divergence peu importante au fond.

TROISIEME et QUATRIEME.

Ce n'est point mademoiselle Charette de la Gas-
cherie, qui a pris part à la pacification. Elle avait
eu pour femme de chambre, une lingère parente
de Ruel. Le représentant la chargea de prier
son ancienne maîtresse, de faire passer les pro-
positions de paix à mademoiselle Charette. Con-
terie, sœur du général, qui se tenait cachée, et
de l'engager à les faire valoir auprès de lui. Sur
les garanties données pour sa sûreté personnelle,
la sœur du général se rendit chez le représentant, et d'après les arrangements convenables pour
le voyage, elle se rendit au château de madame
de la Roche-Boulogne, où se fit l'entrevue avec
Charette. Elle était accompagnée de madame
Gasnier, de M. Bureau et de son neveu M. Gélin.
M. Blin n'était pas de la commission. Ainsi voilà
deux erreurs dans cet article, peu importantes
il est vrai, mais qui n'en prouvent pas moins que
vous n'écrivez que sur des bruits populaires, et
de faux documents.

CINQUIÈME ÉT SIXIÈME.

« L'armée vendéenne conduite par la Roche-
» Jacquelein, était arrivée à Condé. Bonchamp
» reçut solennellement dans ce lieu les honneurs

» de la sépulture ». Voici encore deux erreurs,
l'une de nom, l'autre de fait. Il n'y a point de
ville ou village en Anjou du nom de *Condé*. On
appèle *Candé* une petite ville à six lieues d'Angers, où M. de Bonchamp ne fut point enterré.
On a varié sur le lieu de sa sépulture, mais la
correspondance de M. Soyer détruit toute incer-
titude à ce sujet, et les détails suivants en font
foi. C'est lui qui parle :

« Je vous ai dit dans mon N° 9, que j'étais
» certain que M. de Bonchamp était mort
» près Beaupréau ; je me l'étais persuadé à tort.
» J'étais au château de Beaupréau le soir de la
» bataille de Chollet. Je vis apporter M. de Bon-
» champ sur un brancard, il était sans mouve-
» ment. Nous étions plusieurs qui nous empres-
» sâmes pour le voir ; le soin qu'on mit à nous
» en empêcher, nous persuada cette erreur, et
» dans la douleur de cette perte, nous nous en
» tenions certains ; mais on lui donna quelques
» soins au château, et on le transporta au village
» de la Meillerais, près Saint-Florent, où il ex-
» pira après un court entretien avec ses amis,
» et notamment avec M. l'abbé Martin, trésorier
» de son armée, à qui il donna une paire de pis-
» tolets que ce Monsieur conserve encore. M. de
» Bonchamp *ne parla point en public, comme*
» *l'a dit l'historien, et ne fut point arrété pour*

» *aucun soin de l'armée à Saint-Florent.* Il dit
» à ces Messieurs (qui me l'ont répété depuis
» mon N° 9) : *Je vous l'ai dit bien des fois, que*
» *tel devait être notre sort. On n'a pas voulu*
» *m'écouter quand il était encore temps pour*
» *l'ensemble des opérations ; et ce qui m'a tou-*
» *jours affligé, c'était de ne point nous recruter;*
» *adieu, adieu, mes amis.*

    » Je désire réparer à temps mon erreur. Je
» n'en ai pas découvert d'autres dans tout ce
» que je vous ai donné (1) ». M. de Bonchamp
fut enterré à Varades. Les journaux de la
Vendée et ceux de Paris ont annoncé que le
2 octobre dernier, ses restes ont été exhumés
de la commune de Varades et déposés au monument élevé à sa mémoire dans l'église de
Saint-Florent le vieil (2).

    Ce récit d'un témoin oculaire, du major géné-
ral de l'armée, qu'aucun motif n'a pu porter à
déguiser la vérité, détruit aussi l'erreur accrédi-
tée que c'est à la sollicitation de Bonchamp, que
cinq mille prisonniers qui étaient à Saint-Florent
et qu'on allait mitrailler, obtinrent leur grâce.
Bonchamp, comme on vient de le voir, ne s'ar-

---

(1) Correspondance de M. Soyer, n° 20.
(2) Journal de la Vendée, 18 novembre 1817. — Gazette de France, 30 octobre 1817.

rêta point à Saint-Florent : il ne commandait
pas l'armée d Anjou : il n'était point en état de
dire et de faire les choses contradictoires que
l'historien met dans sa bouche. M⁰. de la Roche-
Jaquelein, dans le second vol. de ses Mémoires,
pag. 169, dit que : « M. Haudaudine, pour sau-
» ver Mad. de Bonchamp, fit signer à plusieurs
» prisonniers de Saint-Florent, qu'elle avait ob-
» tenu de son mari mourant la grâce de cinq
» mille républicains ». Que ne devait-on pas faire
et tenter pour sauver la veuve de Bonchamp ?
Mais si l'on compare cet acte d'humanité de sa
part auprès de son mari, à tout le tintamare de
cette scène fabuleuse que l'historien lui fait jouer
à Saint-Florent où il n'était pas, on se demande
pourquoi la notoriété publique d'un fait aussi remarquable, n'aurait pas parlé plus haut en faveur
de madame de Bonchamp, que la signature de
quelques prisonniers qui attestent un fait dont
ils n'avaient pas été témoins, puisque, selon eux,
il s'était passé au lit du mourant, et qu'alors ils
étaient en prison ? Félicitons-nous que le moyen
imaginé par M. Haudaudine ait eu tout le succès
que méritait une si belle cause, et que devait
obtenir le dégré de confiance et de considération
générale dont ce nouveau Régulus jouissait dans
les deux partis (1).

_____

(1) M. Haudaudine, prisonnier républicain, fut en-

J'ai relevé d'autres erreurs dans le cours de
cette discussion, telles que le camp de Saint-
Georges a Nort, les remparts de Garnac, le mas-
sacre de la garnison, les éclats du tonnerre dans
un temps serein etc. J'en citerais beaucoup encore, mais il faut finir, et je ne le puis, Messieurs,
d'une manière plus convenable, qu'en vous disant avec franchise ce qu'on pense de votre travail sur la Vendée. Comme libelle diffamatoire,
il est très-bien ; comme document historique, il
est à refaire. Mais je ne vous conseille pas d'en
prendre la peine. Arrachez plutôt de vos annales
ces passages infâmes qui outragent la vérité,
l'honneur, le courage, la raison, le bon sens, la
vraisemblance même. Vous n'êtes dans le fait,
que les copistes et les colporteurs de libelles
que leurs auteurs n'osent reproduire dans leur
ensemble, et qu'on trouve disséminés en lam-
beaux et de loin en loin, dans les quatre premiers
volumes de vos victoires, pour leur servir de
passe-port ; dont chaque ligne est, pour ainsi

voyé à Nantes pour proposer un échange. Le sort de ses
compagnons dépendait de son retour dans la Vendée. Sa
mission n'ayant pas réussi, ce vertueux républicain, fidèle
à sa parole, revint se constituer en prison. Un collègue
qu'on lui avait donné, et que je ne nommerai pas, refusa
de l'accompagner, sous prétexte que *la foi n'est pas due
aux brigands.*

dire, un mensonge, une calomnie, une contradiction, une erreur ; et que les historiens à venir
rejetteront comme indignes de l'histoire. Ils re-
connaîtront les libellistes aux souillures de ces
écrits, comme on reconnaît certains animaux
rampants, à l'humeur crasse et gluante qu'ils déposent sur leur passage.

Près d'achever mon seizieme lustre, je ne me
flatte pas, Messieurs, de voir la fin de votre ouvrage ; mais je sais par cœur la suite du plan que
vous avez adopté, et je tiens en réserve une réponse que mes successeurs vous feront parvenir.
En attendant, quoique vous n'approuviez pas tout,
le zèle que quelques écrivains ont mis a célébrer
les exploits et la conduite militaire de Charette, (1)
je vous demande grâce pour un, dont l'ouvrage
aimé du public, n'a reçu que des éloges. Vous
y trouverez de quoi adoucir vos jugements sur le
compte de ce chef vendéen.

« Tel était devenu le théâtre de la guerre, dit
» madame de la Roche-Jacquelein (2) ; M. de
» Charette y acquit une gloire immortelle. La
» témérité de ses résolutions, la constance iné-
» branlable qu'il conservait dans une situation

_____

(1) Annales, tome 2, page 146.
(2) Mémoires, tome 2, page 195.

3

» presque désespérée ; cet esprit de ressource
» incapable de découragement, font de lui un
» grand homme. On n'oubliera jamais, que ce
» général blessé, poursuivi d'asile en asile, n'ayant
» pas douze compagnons avec lui, a inspiré en-
» core assez de crainte aux républicains, pour
» qu'on lui ait fait offrir un million et le libre
» passage en Angleterre, et qu'il a préféré com-
» battre jusqu'au jour où il a été saisi pour être
» traîné au supplice ».

Ce jugement, Messieurs, est celui de tous
les hommes sans passion, et la postérité le
confirmera.

Je croyais, Messieurs, n'avoir plus rien à
vous dire aujourd'hui, lorsqu'au moment d'ache-
ter l'impression de cette lettre, on m'a remis
le cinquième volume de vos victoires et conquêtes, où se termine la guerre de la Vendée. Je
vais donc aussi terminer mes observations. Je ne
fatiguerai ni votre patience, ni celle du public,
en me bornant à l'examen des seuls ornements
que vous avez employés dans votre ouvrage, *la
vérité et l'impartialité.*

Fidèles à vos engagements, vous imputez à
mal ce que Charette a fait dans de bonnes vues;
vous ajoutez, de la meilleure foi du monde,
trois petits assassinats à ceux dont vous l'avez déjà

gratifié. Vous rappelez les massacres de Machecoul auxquels il n'a jamais eu de part, qu'il a
même fait cesser ; son obstination à s'isoler, la
haine qu'il portait à tous les généraux royalistes , etc. Le trait vigoureux dont vous achevez
son portrait est surtout un prodige de talent et
de ressemblance. « Charette n'était qu'un parti-
» san farouche qui semblait agir d'après le code
» de guerre des sauvages de l'Amérique, plutôt
» que d'après les droits reconnus et les lois en
» vigueur parmi les peuples civilisés (1) ». Je
ferai, dans un moment, une heureuse application de ce chef-d'œuvre qui vous fait beaucoup
d'honneur.

Parlons d'abord de l'attaque du camp des Essars lors de la reprise des armes. Ce camp
était situé à deux lieues de Belleville , où Charette tenait son quartier-général. Quarante cavaliers vinrent à Belleville pour l'arrêter. Il les
fit entourer par trois cents hommes , désarmer et
conduire en prison. Le lendemain Charette envoya un officier et dix cavaliers au camp des Essars pour sommer le commandant de se retirer ;
sa position étant une contravention aux articles
du traité de paix. Le commandant répondit

---

(1) Annales , tome 5, page 39.

qu'il avait ordre de tenir le camp et qu'il le tiendrait.

Les choses en étaient au point de ne plus dissimuler. Il était urgent de faire lever le camp des Essars. Charette s'en approche jusqu'à une demi-lieue, et envoie dix cavaliers sommer une seconde fois le commandant de faire retirer sa troupe. Le commandant fit la même réponse. Alors Charette ordonne d'essuyer le premier feu de l'ennemi, de foncer la baïonnette en avant, et de faire beaucoup de prisonniers. Il marche à la tête de sa troupe et le camp est emporté ! De cinq cents hommes qui s'y trouvaient, on en fit plus de trois cents prisonniers que Charette renvoya le lendemain au représentant Gaudin, dans l'espérance qu'il lui renverrait les siens. Gaudin ne daigna même pas lui répondre.

D'après une conduite aussi franche, aussi loyale, avec des intentions aussi conformes à la justice qu'aux usages et aux lois de la guerre, pouvez-vous, Messieurs, prêter à Charette de la dissimulation, de la fourberie, envers les républicains qui étaient venus à Belleville pour l'arrêter ? Quels ménagements avait-il à garder après un acte d'hostilité aussi manifeste ? « Charette, dites-vous, en faisant cette sin- » gulière sommation, au lieu d'attaquer brus- » quement, voulait encore garder les appa-

» rences (1) ». En quoi donc sa sommation, était-elle singulière ? L'ordre d'essuyer le premier feu, de faire beaucoup de prisonniers, ne prouve-t-il pas l'intention d'épargner le sang ? ce but salutaire a été rempli, et vous trouvez sa sommation singulière !

Au lieu d'attaquer brusquement, il voulait encore garder les apparences. Les apparences ! de quoi ? quand l'ennemi est venu nous attaquer et que nous l'attaquons à main armée, il n'y a point là d'apparence, tout est réel ; c'est un état de guerre actuel qu'on ne peut pas dissimuler, vos expressions sont donc insignifiantes, et vainement on cherche à quelles idées elles se rapportent, quand la guerre est déclarée. Mais il faut à tout prix distiller le fiel sur les actions les plus louables de celui que vous avez tant calomnié, et que vous chargez encore de trois nouveaux assassinats.

Au sujet de la mort de Guédon, Curé de la Rabatelière, vous dites, d'après le général Travot, qu'il le tua de sa propre main avec deux domestiques, et vous ajoutez en note, « L'historien de Charette, le Bouvier Desmor- » tiers, veut justifier son héros de cette imputa-

---

(1) Tome 5, page 32.

« tion, et prétend que Guédon fut tué par les
« mêmes soldats qui avaient été chez lui. Mais
« les raisonnements de ce biographe ne nous pa-
« raissent pas suffisants pour démentir l'assertion
» du général Travot (1) ». Je suis bien persuadé,
Messieurs, que rien de ce qui peut justifier Charette ne vous conviendra, et que vous croyez
aveuglément les généraux républicains. Mais
permettez-moi de vous observer qu'il ne faut pas
tout admettre d'un côté, et tout rejeter de l'autre.
La franchise républicaine de Travot était comme
celle de Hoche et de bien d'autres, un peu men-
teuse, et vous auriez dû peser mieux les raisonnements qui la combattent.

Travot était-il présent lorsque Guédon et ses
domestiques furent assassinés ? y avait-il des témoins ? sur quoi son assertion est-elle appuyée ?
Sur rien ; et vous ne suspendez même pas votre jugement ! Travot affirme, et je nie ; la présomption est en faveur de la négative, parce que le
crime ne se présume pas, surtout quand l'accusation est faite *ab irato*, par un ennemi. Ajoutez
à cette présomption qu'il est absurde de croire
que Charette ait quitté son quartier - général
pour aller au milieu de la nuit assassiner Guédon

_____

(1) Tome 5, page 126.

et ses domestiques chez lui. Enfin j'ai dit que si Charette eût voulu les faire périr, il y était autorisé par les lois de guerre qui condamnent tout espion à être pendu. Charette avait la preuve écrite de l'espionnage de Guédon et de ses domestiques ; il pouvait légitimement se saisir de leurs personnes et les faire mourir. Il est même hors de doute que s'il eût eu cette intention, il les aurait fait condamner, sur la preuve qu'il avait en main par un jugement militaire qui ne l'aurait pas exposé au reproche d'assassinat nocturne dont Travot a voulu le flétrir. La vérité est que cet assassinat fut commis par des soldats de Charette qui ne l'apprit que deux jours après.

Le général Travot écrivit à la convention que Charette avait assassiné de sa propre main le curé de la Rabatelière. Hoche répéta cette calomnie dans une lettre au général Hédouville, rapportée ci-après, et celui-ci l'a renforcée en disant que Guédon était *un des amis les plus chauds de Charette.*. Eh ! comment en douter depuis son espionnage, qu'il avait attesté lui-même par son écriture?

Si ces raisonnements, Messieurs, ne vous paraissent pas suffisants pour démentir l'assertion sans vraisemblance du général Travot, ils feront peut-être une impression différente sur des esprits non prévenus. Au lieu de nous donner votre opinion, vous auriez dû nous donner celle des autres, comme vous vous y êtes engagés en tête de votre premier volume ; mais votre impartialité a suivi une marche contraire pour la guerre de la Vendée. Comme vous admettez facilement les assassinats qu'on impute à Charette, je vais vous en indiquer deux qui vous sont échappés, et qui viennent d'aussi bonne source que celle du général Travot.

Hoche écrivit, le 4 germinal an 4, au général Hédouville qui était à Angers :

« Charette est sans doute mort au moment
» où j'écris. Il est bon *que l'Angleterre sache,*
» *par la voie des journaux,* que les deux émigrés
» qu'elle envoya lui porter les 40,000 liv., ont
» été *assassinés par l'ordre de ce scélérat.* Je
» vous invite à envoyer sur ce un mot au ré-
» dacteur (1). »

Docile à cette invitation, le général Hédouville fit insérer l'article suivant dans l'affiche d'Angers, du 14 du même mois :

« Deux émigrés que Pitt avait chargés de por-
» ter 40,000 liv. à Charette, et qui l'ont joint
» peu de jours avant qu'il tombe entre nos mains,
» l'ayant quitté pour retourner en Angleterre,

_____

(1) Correspondance de Hoche, pag. 327 et suiv.

» *il est constant qu'il les a fait assassiner à*
» *leur premier gîte, afin qu'ils ne puissent pas*
» *faire connaître à l'Angleterre l'état de dé-*
» *tresse dans lequel ils l'avaient trouvé.*

» Est-il un machiavéliste *plus scélérat et plus*
» *profond?* Ce trait de barbarie, joint à l'assas-
» sinat du curé de la Rabatelière, *un de ses*
» *amis les plus chauds,* et à tant d'autres atro-
» cités, caractérise bien ce fameux chef de bri-
» gands *dont toutes les traces étaient teintes de*
» *sang*, et qui a subi enfin le châtiment dû à ses
» forfaits. »

J'observerai que Charette ne cessait de faire
connaître sa détresse au gouvernement anglais,
et de lui demander des secours. Ses derniers envoyés étaient MM. de Susannet et d'Argens,
qu'il n'a point fait assassiner. Il y avait donc autant de méchanceté que d'ineptie à dire qu'il
avait fait assassiner ceux qui lui avaient apporté
de l'argent, afin de cacher à l'Angleterre l'état
de détresse dans lequel ils l'avaient trouvé. La
calomnie saute aux yeux. Les derniers secours
envoyés de l'Angleterre étaient destinés pour
Stofflet, et M. de la Féronnière les remit à
M. d'Autichamp, son successeur. Ils consis-
taient dans une somme de 30,000 fr. en billets
de 20 liv. sterling, que le général et plusieurs
officiers se partagèrent à la fin de la guerre.

L'histoire de ces deux derniers assassinats prouve que la franchise républicaine de Hoche et des autres généraux n'a jamais trahi la vérité, et qu'on aurait tort de leur reporter cette exclamation, *Quel machiavélisme !*

J'ai promis, Messieurs, de revenir sur le portrait que vous avez fait de Charette, à la page 59; je vais remplir cet engagement d'autant plus volontiers, qu'on en comparera la ressemblance avec celui que je trouve aux pages 44 et 134 de votre cinquième volume : « Il était » presque le seul chef vendéen qui eût acquis » de la gloire..... Les républicains ne parlaient » jamais que de lui dans leurs actes publics. Sa » réputation était immense en Europe, et ses » talents paraissaient dignes d'exciter l'envie des » plus célèbres généraux du siècle...... On le » citera en exemple à tous ceux qui, comme » lui, voudront s'armer contre les tyrans de leur » patrie. »

Quelle ressemblance, Messieurs, peut-il y avoir entre ce portrait et celui d'un homme qui n'avait pas de moyens pour entreprendre de grandes choses, que ses fréquentes défaites et le décousu de ses opérations avaient laissé dans l'obscurité, que l'orgueil et la jalousie tenaient constamment isolé de ceux qui combattaient comme lui pour la même cause! entre un homme couvert de crimes, un partisan farouche qui semblait agir d'après le code de guerre des sauvages de l'Amérique, plutôt que d'après les droits reconnus et les lois en vigueur parmi les peuples civilisés! Non, ces deux portraits ne sont point de la même main; l'un est l'ouvrage des calomniateurs; l'autre est celui de militaires, différents peut-être d'opinions, mais toujours d'accord sur le mérite des guerriers. Ici Charette est jugé par ses pairs, et je me repose trop doucement sur cette idée pour ne pas m'y arrêter.

———

P. S. Quelqu'un me demandait dernièrement pourquoi on rencontre encore chez certaines personnes des préventions défavorables à la mémoire de Charette. La mort de M. de Marigny en est le prétexte; l'orgueil, l'envie et l'esprit de parti, en sont les causes. Les récits du temps sur cette mort étaient si contradictoires, si invraisemblables, les relations écrites sont si ridicules, si absurdes, que les écrivains convaincus de calomnie ont gardé le silence. Ils attaqueraient peut-être dans la forme l'arrêt qui a condamné M. de Marigny à mort, mais cet arrêt était juste au fond, M. de Marigny fut jugé comme un coupable pris en flagrant dé-

lit, en présence des trois armées ; et tout
esprit raisonnable, sans prévention, qui se pé-
nétrera des faits exposés cidessus, page 41,
sera forcé d'en convenir. C'est l'abbé Bernier
qui a tué M. de Marigny.

J'ai employé six années à faire des recherches pour découvrir la vérité concernant la personne, le caractère et les faits militaires de
Charette, et j'ai fait à cette intention, plusieurs
voyages dans la Vendée. C'était sur ce théâtre
tout couvert de ruines et de feux mal éteints,
que je pouvais trouver des documents authentiques, et recueillir les traits de lumière que
le choc des opinions faisait jaillir entre les
hommes de différents partis et de différentes
conditions.

En sa qualité de chef des armées catholiques, Charette devait protéger les ministres
de la religion, les faire respecter, leur procurer tous les moyens d'existence qui étaient
en son pouvoir, et de sûreté pour l'exercice
de leur saint ministère. Il s'acquittait de ce devoir autant que les circonstances pouvaient le
permettre, et il assistait souvent au service
divin avec toute la pompe militaire, afin de
fortifier dans le cœur de ses soldats, la confiance que Dieu se servait de leurs armes pour
faire triompher la religion, et replacer les

Bourbons sur le trône. J'ai consulté d'abord un grand nombre d'ecclésiastiques vendéens, qui tous m'ont rendu les témoignages les plus honorables sur la justice, les qualités sociales, la popularité de Charette ; sur l'attachement qu'il avait pour ses soldats, et l'attachement de ses soldats pour lui. Un seul curé me parut mécontent, et je crus voir par la chaleur de ses discours, que son mécontentement tenait à des motifs personnels qui nous aveuglent souvent et nous rendent quelquefois injustes.

Je me suis adressé ensuite aux braves et loyaux capitaines de paroisses, et à ceux de leurs soldats qui étaient vraiment dignes du nom de Vendéen. C'est dans le cœur de ces hommes précieux, où l'ambition et l'envie ne sont point entrées, que j'ai trouvé l'enthousiasme le plus exalté sur le courage, les belles actions, les victoires de leur général. C'était à qui me raconterait des anecdotes sur sa familiarité, sa générosité envers les soldats, sur l'honneur qu'il leur faisait quelquefois de coucher dans leurs modestes demeures. Voilà, me disait l'un, la table où le général a dîné tel jour avec nous, le banc sur lequel il s'est assis. Voici, me disait un autre, le lit où il a couché telle nuit. Chacun rappelait les faits de cette nature qui lui étaient particuliers. Les maisons où il était entré, les meubles dont il s'était servi, en recevaient un degré d'intérêt plus marqué pour leur conservation. Ces souvenirs intéressants faisaient alors et font encore la matière de leurs colloques dans les longues soirées d'hiver, et entretiennent chez ces laboureurs guerriers l'héroïsme de leurs hauts faits, et leur amour inné pour le roi ; ils les font passer dans le cœur de leurs enfants. Un jeune Vendéen m'en parlait un jour avec des gestes et d'un ton fort animés ; vous êtes trop jeune, lui dis-je, pour avoir vu cela ; *oui*, Monsieur, *mais mon père nous en parle souvent.* Quel militaire ne se plaît à raconter ses faits d'armes, et surtout des faits comme ceux-là, qui n'ont jamais eu leurs semblables ?

Enchanté des sentiments honorables qui passaient du cœur sur les lèvres de la grande majorité des Vendéens pour leur brave généra l je m'attendais à trouver dans les classes plus élevées de la société, le même épanchement et les mêmes témoignages sur la conduite militaire de Charette. Je m'y présentai avec confiance, mon manuscrit à la main, demandant l'hospitalité et des conseils. La première me fut accordée de fort bonne grâce, je dirai même avec cette affabilité acquise chez ceux qui ont reçu une éducation délicate, et dont ils auraient pu se dispenser vis-à-vis d'un inconnu, sans blesser les convenances. Moins heureux sur l'article des conseils , quand je proposai de lire mon ouvrage, je trouvai chez quelques-uns une sorte d'indifférence et même d'éloignement qui ne me permit pas de faire la moindre instance. D'autres plus complaisants , me prêtèrent attention, mais ce fut tout. Une retenue désespérante, remplaça les communications franches auxquelles je m'étais attendu , et je partis avec le regret d'une démarche inutile , et la conviction de la mésintelligence qui avait régné entre les chefs des armées. Quelquefois dans la conversation, il échappait de ces demi-phrases à mystère, de ces mots à double sens qui ne disent rien , parce qu'ils disent trop , des gestes , des inflexions de voix, qui, sous une apparence de charité fraternelle , donnent carrière à toute la malignité des soupçons. Il n'y a pas deux ans que j'ai retrouvé à Bourbon-Vendée la même dissimulation, sans pouvoir obtenir un seul chef précis d'accusation contre Charette.

Ce général était sévère sur la discipline qui fait la force des armées , et ses chefs de division n'étaient pas toujours d'accord avec lui sur ce point important. Chacun à la tête de sa troupe se croyait général , et cet esprit d'insubordination faisait quelquefois échouer des entreprises qui auraient réussi avec de l'ensemble. De là des reproches bien fondés , mais humiliants pour l'a-

mour-propre; des mécontentements réciproques,
qui laissaient souvent des traces profondes dans
l'âme dessubordonnés et amenaient des vengeances contre le général. Les uns congédiaient
leurs soldats quand il ordonnait des rassemble-
ments, les autres prétextaient des empêchements
qui n'avaient de réel que la mauvaise volonté. Ce
fut surtout à la reprise des armes commandée par
les princes, que ces funestes dispositions se ma-
nifestèrent avec moins de réserve, et que les ennemis de Charette le livrèrent à ses bourreaux.

Cependant la fameuse campagne de 1794, les
grands événements de la pacification, de la reprise des armes, avaient porté la réputation de
Charette au-delà des mers; son nom seul reten-
tissait dans toute l'Europe attentive aux destinées
d'un petit coin de la France, où une poignée de
laboureurs, qui tirait sa force de la religion et
des lois de ses pères, luttait depuis trois ans
contre les forces colossales de la république;
lutte dans laquelle ont péri tant d'hommes courageux, de chefs illustres par leur naissance et leurs
exploits, dont les noms consacrés par l'histoire
vivront éternellement. Charette resta seul debout
sur les débris fumants de cette terre de désolation,
le front toujours calme et sévère devant les menaces ou les séductions de ses ennemis. Les félicitations, les éloges qu'on lui adressait de l'étran-

ger (1) ; ses promotions aux grades de général et
de généralissime de toutes les armées royalistes
dans les pays insurgés, la décoration du cordon
rouge, voilà les titres de gloire et d'illustration
qui aigrirent au suprême dégré la jalousie des
chefs bretons, et accrurent celle des Chefs vendéens que Charette avait sous ses ordres.

En vain pour se faire pardonner les honneurs
qu'il recevait de la justice du prince, il déclara
qu'il ne porterait le cordon rouge qu'après que
l'armée entiére aurait reçu sa récompense ; cet
acte de modestie conforme à tous les sentiments
nobles et généreux de sa belle âme, cet hommage
rendu à la gloire de ses compagnons d'armes qui
lui était aussi chère que la sienne, parce qu'il
leur devait ses succès, ne purent lui ramener
des cœurs aigris par des ressentiments personnels.
L'envie qui s'irrite souvent des soins qu'on prend
pour la calmer, ne vit sous des dehors modestes,
qu'un rafinement d'orgueil. Cependant cette décoration qu'il portait toujours sur son cœur, ne
blessa jamais de son éclat l'amour-propre et les
yeux de ses officiers, dont aucun, peut-être,
n'aurait eu cet orgueil-là. Si on ne peut juger les
hommes sur leurs paroles et leurs belles actions,

---

(1) Voyez la lettre du général Sowarow, page 132.

où donc trouver la règle des jugements qu'on en doit porter?

On m'a dit, et on me dira peut-être encore, que je loue comme je critique, souvent sans mesure; je réponds que le fouet de la critique est toujours trop faible contre les calomniateurs et les faussaires qui ne s'amendent jamais, qui se glissent partout comme des serpents et qui se reproduisent aujourd'hui plus venimeux encore au milieu des *Victoires et conquêtes des Français*. Pour la louange, elle est dans les faits que je cite: qu'on en prouve la fausseté, j'avouerai mes torts; qu'on nomme celui qui a fait plus, ou même autant que Charette, je reconnaîtrai son supérieur ou son égal: jusques-là, il sera seul au premier rang.

Des écrivains se sont emparés de tous les éléments d'ambition, de jalousie et de haine qui ont désorganisé la Vendée. Les uns ont écrit dans le sens du gouvernement qui dominait alors. D'autres, moins estimables, se sont traînés dans la route mitoyenne des partis, qu'ils ont mécontentés, sans en satisfaire aucun. Dépourvus de tout caractère que celui de la vénalité, ils ont vendu leur plume aux passions. Ils ont admis toutes les récriminations, toutes les vengeances, toutes les calomnies des mécontents, dont ils n'ont pas même cherché à révêtir de vraisemblance la choquante nudité. On a lu leurs ouvrages, l'opinion

hâtive s'est formée , sans examen , sur la foi des
auteurs. A-t-on répondu aux calomnies? on ne
lit guère les réponses ; cela serait trop pénible.
L'opininion s'affermit et se propage, voilà comment on retrouve de vieilles préventions chez des
personnes qui n'ont souvent pas lu une page de
ces écrits , et qui croient sur parole.

Le général Sowarow, à M. de Charette, généralissime des troupes du Roi de France, à son quartier-général.

HÉROS de la Vendée ! illustre défenseur de la foi de tes pères et du trône de tes rois ! Salut.

Que le dieu des armées veille à jamais sur toi ; qu'il guide ton bras à travers les bataillons de tes nombreux ennemis qui, marqués du doigt de ce dieu vengeur, tomberont dispersés comme la feuille qu'un vent du nord à frappée.

Et vous, immortels Vendéens, fidèles conservateurs de l'honneur des Français, dignes compagnons d'armes d'un héros ! guidés par lui, relevez le temple du Seigneur et le trône de vos rois. Que le méchant périsse, que sa trace s'efface ; alors que la paix bienfaisante renaisse, et que la tige antique des lys, que la tempête avait courbée, se relève du milieu de vous plus brillante et plus majestueuse.

Brave Charette ! honneur des chevaliers français, l'univers est plein de ton nom ! L'Europe étonnée te contemple, et moi je t'admire et te félicite. Dieu te choisit, comme autrefois David, pour punir le Philistin. Adore ses décrets ; vole, attaque, frappe, et la victoire suivra tes pas.

Tels sont les vœux d'un soldat qui, blanchi au champ d'honneur, vit constamment la victoire couronner la confiance qu'il avait placée dans le dieu des combats. Gloire à lui, car il est la source de toute gloire ; gloire à toi, car il te chérit.

A Varsovie, ce premier octobre 1795.

Signé SOWAROW.

(Corresp. des émigrés, p. 33.)

Extrait du Bulletin politique de Paris et des départements.

CHARETTE est mort, et, suivant l'usage, la tourbe impure des écrivailleurs vendus ou à vendre, s'empresse de charger sa mémoire des plus odieuses imputations. A les entendre, ce n'était qu'un scélérat, qu'un brigand, qu'un tyran ombrageux et farouche, toujours prêt à immoler ses propres partisans à sa sombre inquiétude; qu'un lâche, qui n'a pas su se servir du glaive de Caton, pour ne pas tomber vivant entre les mains d'un ennemi vainqueur. Que peut contre la gloire de cet homme célèbre l'acharnement de ces pygmées de la littérature ? qu'auront de commun leurs déclamations achetées, avec le jugement impartial de la postérité ? Plus désintéressée, elle mettra le nom de Charette à côté de celui de *Sertorius*, et peut-être un jour quelque nouveau Corneille honorera son génie en célébrant les travaux et la gloire du dernier des chevaliers français.

En effet, il est vrai de dire qu'en détruisant Charette

on a détruit la Vendée ; et qu'en détruisant la Vendée on a porté le dernier coup à la monarchie ; car depuis long-temps Charette avait le droit de dire :

Rome n'est plus dans Rome, elle est toute où je suis.

J'ai dédaigné de répondre à toutes les injures prodiguées à la mémoire de ce grand homme. Il en est une cependant qui mérite une réponse ; c'est celle de n'avoir pu se sous-traire au supplice par une mort volontaire. Hommes lé-gers, inconséquents ! vous auriez voulu que le chef de l'armée catholique eût démenti toute sa vie par une action que condamne la religion dont il fut le défenseur !

DE L'IMPRIMERIE DE C-F. PATRIS, rue de la Colombe, n° 4, quai de la Cité.

8°

www.ingramcontent.com/pod-product-compliance
Lightning Source LLC
Chambersburg PA
CBHW070808290326
41931CB00011BB/2170